発達障害のある聴覚障害児の実態と教育的対応に関する研究

大鹿 綾 著

風間書房

目　　次

序論 …………………………………………………………………………… 1
 1．聴覚障害児教育におけるコミュニケーション手段の変遷と
   その多様化 ……………………………………………………………… 1
 2．聴覚障害児教育の現状と課題 ………………………………………… 2
 3．特殊教育から特別支援教育へ ………………………………………… 4
 4．目的 ……………………………………………………………………… 6

第1章　PRSを用いた発達障害のある聴覚障害児の実態調査
　　　　【研究1】 ……………………………………………………………… 9
 1-1．基礎的資料（聾学校小学部） ……………………………………… 9
　　1-1-1．目的 …… 9
　　1-1-2．方法 …… 9
　　1-1-3．結果 …… 11
　　1-1-4．考察 …… 17
 1-2．発達障害のある聴覚障害児の類型化 ……………………………… 22
　　1-2-1．目的 …… 22
　　1-2-2．方法 …… 22
　　1-2-3．結果 …… 25
　　1-2-4．考察 …… 36
 1-3．第1章のまとめ ……………………………………………………… 41

第2章　文部科学省調査（2002）を用いた発達障害のある
　　　　聴覚障害児の実態調査【研究2】 ………………………………… 43

2-1．聾学校幼稚部〜中学部の実態調査 …………………………………43
  2-1-1．基礎的資料（聾学校幼稚部〜中学部）……………………43
  2-1-2．発達障害のある聴覚障害児の類型化……………………………80
  2-1-3．まとめ ……………………………………………………………97
 2-2．難聴特別支援学級・通級指導教室の実態調査 ……………………98
  2-2-1．基礎的資料（難聴特別支援学級・通級指導教室）…………98
  2-2-2．発達障害のある聴覚障害児の類型化 …………………………128
  2-2-3．まとめ ……………………………………………………………143
 2-3．第2章のまとめ …………………………………………………………144

第3章　発達障害のある聴覚障害児に対する評価基準の検討
　　　　【研究3】…………………………………………………………………145
 3-1．聴覚障害児版評価基準の提案 ………………………………………145
  3-1-1．目的……145
  3-1-2．方法……146
  3-1-3．結果……146
  3-1-4．考察……159
 3-2．聴覚障害児版評価基準の妥当性の検証 ……………………………162
  3-2-1．目的……162
  3-2-2．方法……162
  3-2-3．結果……163
  3-2-4．考察……171
 3-3．第3章のまとめ …………………………………………………………175

第4章　類型化から得られた典型事例による困難の整理【研究4】
　　　　——継続的な支援を通じての変容と課題—— ………………………177
 4-1．目的と手続き ……………………………………………………………177

4-2．事例 …………………………………………………………………… 178
　　4-2-1．アスペルガー症候群の診断を受けている事例（第1クラスタ）… 178
　　4-2-2．音読に特徴的な困難のある事例（第2クラスタ）…………………195
　　4-2-3．複数の項目を同時に扱う学習や不注意に困難のある事例
　　　　　（第2クラスタ）……………………………………………………206
　4-3．第4章のまとめ ………………………………………………………217

総合考察……………………………………………………………………………219
　1．発達障害のある聴覚障害児の割合について………………………………219
　2．発達障害のある聴覚障害児における特徴に応じた支援について………222
　3．今後の課題……………………………………………………………………224

文献…………………………………………………………………………………227
資料…………………………………………………………………………………235
謝辞…………………………………………………………………………………251

序　　論

１．聴覚障害児教育におけるコミュニケーション手段の変遷とその多様化

　人は他者とコミュニケーションをとることで社会的存在として成長する。聴覚障害児教育におけるコミュニケーション手段の選択は，対面での意思疎通の手段を得るというだけでなく，言語獲得，読み書きの習得，抽象的思考，社会性の発達など子ども全体の成長に大きな影響をもたらす。そのために，手話法を考案し世界初のパリ聾学校を創設したド・レペと，ドイツ法（口話法）の提唱者であるハイニッケの論争以来（Maryse, 1994），聴覚障害児教育の中では手話なのか口話法なのかという論争が絶えず続いてきた。しかし，今日の日本の聾学校や難聴特別支援学級等をみると，必ずしもこれまでの二者択一論ではない様相が見られるようになってきた。

　過去50年の日本の聴覚障害児教育におけるコミュニケーション手段の変遷を概観すると，1960年代に入って重度の聴覚障害児にも適応する補聴器が登場し，本格的な聴覚口話法の教育がスタートした。これまで自分で聞き，話すことが難しかった子どもたちの中に対面であれば音声でコミュニケーションがとれる子どもたちが増加し，それに伴い聾学校の幼稚部，通常の小学校内に難聴学級の設置が広がっていく。その後，キュードスピーチ等の視覚的補助手段の併用はあったものの，基本的にはいわゆる聴覚口話法一辺倒の時代が続いていくことになる。ところが，1980年代末になると早期からの聴覚活用による聴覚口話法では，コミュニケーションも言語獲得も停滞する子どもたちの存在が顕在化してくることとなった（濱田, 2007）。

聴覚口話法による教育にある種の行き詰まりを見せていた日本の聴覚障害児教育において，1980年代の後半から幼稚部から手話を積極的に使う公立聾学校が現れ，1995年には「ろう文化宣言」（木村・市田，1996）が掲載されたことをきっかけに，聴覚障害児をめぐる環境は視覚的コミュニケーション手段に大きくシフトした。手話の導入により，大人数の中でのコミュニケーションが豊かになったり，聞こえることを追い求めるのではなく，聾者としての成長を喜べる土壌ができた等のメリットがあった。一方で，手話の力を読み書きのベースとなる日本語の力につなげていくためには音韻意識の獲得が重要であり，それには口形や音声の活用が有効である（脇中，2009）とも言われ，また人工内耳装用児の増加も相まったことにより，近年，聴覚口話法で培われた指導技術が再評価されているのが現状である。

現在では，多くの聾学校において手話も聴覚活用も併用し，子どもの実態に合わせたトータルコミュニケーションに近い形がとられている。各々の子どもにとって使いやすいコミュニケーション手段も人工内耳（音声）から手話まで多様化しており，本研究の主題である「発達障害のある聴覚障害児」の評価や指導においてもコミュニケーション手段の多様化を前提に考えていく必要があると考える。

2．聴覚障害児教育の現状と課題

現在，聴覚障害児教育はコミュニケーション手段や教育環境において，今までにない多様化の時代を迎えている。例えば，新生児スクリーニングによる最早期からの聴覚保障と療育，人工内耳装用児の増加や補聴器のデジタル化などの補聴技術の進歩，手話の積極的な活用，また聴覚障害児の教育環境においても聾学校はもちろん，難聴特別支援教室や難聴通級指導教室，通常学校へのインテグレーションなど選択肢が広い。聴覚障害児一人ひとりにあった環境を選択し，よりよい教育と支援を受けることができるようになり，

その教育環境は改善してきていると考えられる。

　しかし一方で，その言語の遅れや「9歳の峠（壁）」といわれるような問題が解決されたとは言い難い（脇中, 2006）。聴覚障害児は音声入力に制限があるため，自然な音声言語（書きことば）の獲得は難しく，言語力の向上は従来より聴覚障害児教育において中心的課題であった（我妻, 2000; 長南・澤, 2007）。また，「9歳の峠（壁）」とは小学校中学年程度で学習や言語力が停滞してしまう聴覚障害児が多いことを指しており，彼らの中には言語や学習の遅れを中核にしつつも，抽象的思考や対人的な状況理解（増田ら, 2009）などに派生した課題を持つ者もいることは経験的に知られている。聞こえにくさにより保護者や友人とのコミュニケーションに制限が生じたり，コミュニティが狭く経験が不足したりすることによって，「社会的外向性」「支配性」「客観的でない」などの「ろう者のパーソナリティ」が形成される（岡本, 1968）と言われることもある。

　聴覚障害が認知発達にどのような影響を及ぼすのかは古くから関心を持って研究されており，過去には「ろう児の知能はそれが非言語性のものである限り，聴児と比較して量的に大きな差は認められないが，早期から感覚を奪われての発達を余儀なくされるものは，明らかに異なった行動特徴を見せるようになり，質的には異なるところが見られる」（Myklebust, 1960）との主張も見られた。その後の研究の蓄積により，今日聴覚に障害があるがゆえに知能が低いということを主張するものはいない（吉野, 1999）が，聴覚障害児集団間，また聴覚障害児個々人の間での差があることも否めない。杉原（1989）は教示を工夫し，教示に時間をかけ，時間的負担の少ない論理的課題であれば聴児との有意な差は認められないとした。一方で，吉野（1999）は Sisco, F. H. & Anderson, R.J.（1978）が行った聴覚障害児への WISC-R の動作性検査結果より，年齢に関係なく，一貫して聴児よりも成績の低い下位群がいるとしている。一体この違いは何から生じるのであろうか。先述の吉野（1999）は，その下位群の中に十数パーセントの「微細器質的欠陥」あるいは「微細

神経学的徴候」を併せ持つ子どもの存在を仮定しているが，これまで「聴覚障害による二次的困難」とひとくくりにしてきた中には，聞こえにくさによる困難以外の，それとは異なった機序による困難さが含まれていた可能性があるが，これについては十分に議論されてこなかった。

3．特殊教育から特別支援教育へ

特別支援教育が本格始動し，一つの柱であった発達障害（LD，ADHD，高機能自閉症等）児に対する支援について，教育現場でも理解，実践が進みつつある。その開始にあたり，文部科学省（2002）では通常の学級に在籍する児童生徒の6.3％が特別な教育的支援を必要としているとした。この数値は診断によるものではないと留意されたものではあったが，その影響は少なくなかった。特別支援教育の理念の中で，従来の障害種や程度，場による教育に限らず，子どもが現実に抱える学習，生活上の困難に対して必要な支援をしていくという姿勢が求められる。

文部科学省（2004）の挙げるもう一つの特別支援教育の重要点として障害の重度・重複化への対応がある。聾学校小・中学部の重複学級は，昭和60年度の文部省の調査では，全体の12.3％程度であったが，平成19年度の調査では19.6％であり（文部科学省,2009），盲学校，養護学校に比べると少ないものの，近年その数は増加してきている。岡田（1981）は重複障害ろう児の報告の中で，言語障害を合わせ持つろう児について読話の失語，難読症，失読症を示すことがあるとしている。さらに精神障害を併せ持つろう児には失算症，地誌障害，失見当識，失時症などを示すものがいるとし，治療指導にあたっては学習障害とろうの両方の障害の排除のためのプログラムが必要であるとしている。「学習障害」ということばの定義には触れていないため，詳細は明らかではないが，盲・聾・養護学校や特殊学級に在籍する児童生徒の中にも，主とする障害に加えて発達障害を併せ有しているものがいることが推

測される。

　欧米では，従来より全般的には知的な遅れがない発達障害のある聴覚障害児に関する全国的調査や教育実践 (Laurent Clerc National Deaf Education Center, 2008) が行われている。ASHA (American Speech-Language Hearing Asossiation, 1984) の報告では，特殊教育（原文のまま）を受けている全ての聴覚障害児（対象児は 54774 名）の 30％以上は，教育的に影響を及ぼす他の障害を少なくとも一つ以上は持っており，そのうち 8.4％が精神遅滞（原文のまま），7.5％が特別な学習障害，6.1％が情緒・行動問題を持つとしている。また，Samar, Parasnis, Berent (1998) のまとめによると，研究によってばらつきが見られるけれども，2.5％～9.1％（対象児は 2232～44399 名）に LD が疑われ，ADHD については，38.7％（対象児は 238 名）にリスクが見られるとしている。他にも GRI (Gallaudet University's Research Institute) が 1990 年から毎年全米で行っている調査では，例えば最新の報告 (2008) では特別な学習障害のある者が 8.1％，ADD/ADHD のある者が 5.6％，自閉症のある者は 1.6％と，数値は一定しない様子が見られるものの，発達障害様の困難を示す聴覚障害児は聴児よりも高い割合で存在することを示している。日本においても人工内耳や補聴器の装用によって聴力は期待される程度まで改善し，病院でのトレーニング等にも積極的に参加しているにも関わらず，期待された言語発達や対人関係の発達に困難を示す事例について（山本, 2004; 武田・松下, 2001; 大友・西方・石岡, 2006），発達障害の観点からの研究が散見されるようになってきた。筆者らも，これまで聴覚障害故の二次障害を有するとされてきた者の中に発達障害による困難を併せ持つ者がいるのではないかいう観点から事例報告を行ってきた（濱田, 2005; 濱田・大鹿, 2007; 大鹿・濱田, 2005; 2008b; 2008c）。

　発達障害は聴児にとっても，聴覚障害児にとっても保護者や教師による早期の気付き，発見が重要であると考える。支援の無いまま失敗体験を積み重ねることは自己肯定感の低下や学習不振などの二次障害に繋がることが予想される。しかし，読み書きの困難や行動上の不適応は聴覚障害の二次的障害

として引き起こされることもあり，そのような困難が聞こえにくさに因るのか，認知発達の偏りに因るのかの鑑別は難しい（濱田, 2005）。特別支援教育の本格的な始動とともに，聴覚障害児教育の中でも，教員や保護者もいわゆる「気になる」児童・生徒の存在に目を向け始めているものの，研究や情報が乏しく，多くの場合系統的な支援に至っていないのが現状である（濱田・大鹿, 2008a）。発達障害のある聴覚障害児がどのくらい存在するのか，また具体的にどのような困難を示すのかについて，日本においては未だ十分まとめられていない。このような現状を踏まえた上で，その困難さが二次障害に因るにせよ，発達障害に因るにせよ，一人一人がどのような困難を持っているのか，またどのように支援していくことが有効であるのかを整理することは，それぞれの教育的ニーズに合わせた支援を行う上で今日的且つ重要な課題であると考える。

　なお，以上のような理由により「聞こえにくさからくる二次的な困難」と「発達障害による困難」との区別は現時点でははっきりと鑑別することは非常に困難であり，著しい困難を示す者がいても医学的な診断は付きにくい現状がある。そのため本研究においては二次障害としての困難を示す者も含まれる可能性を十分に認めて考慮しながらも，「発達障害様の著しい困難」を示すことをもって「発達障害のある」聴覚障害児とすることとする。

４．目的

　本研究では，以下の４点を目的とする。
1) 発達障害のある聴覚障害児がどのくらい存在するのか，その割合を検討すること。また，彼らへの支援体制の現状を明らかにすること。
2) 発達障害のある聴覚障害児を類型化し，困難の特徴について明らかにすること。
3) 発達障害のある聴覚障害児に対する評価基準を検討し，妥当性について

検証すること。
4) 類型化された中から典型例を抽出し，発達障害のある聴覚障害児の持つ困難について具体的に示し，整理すること。また，発達障害の観点から継続的支援を行い，どのような変容があったのか，また変化の現れにくい課題は何であるかを整理すること。

第1章　PRSを用いた発達障害のある
聴覚障害児の実態調査【研究1】

1-1．基礎的資料（聾学校小学部）

1-1-1．目的

　一人一人のニーズにあわせた早期からの支援を行うにあたり，基礎的研究として発達障害のある聴覚障害児がどのくらい存在するのかを明らかにすることは早急かつ重要な課題であるが，日本における実態把握はなされてこなかった。

　そこで本研究では，聾学校[1]単一障害学級[2]に在籍する聴覚障害に発達障害を併せ有すると考えられる児童の実態を調査することとした。

1-1-2．方法

1-1-2-1．手続き

　平成18年6月に小学部のある全国聾学校99校（分校等含）に「聴覚障害に軽度発達障害[3]を併せ持つ児童について」の調査協力を承諾してもらえるか否かについて事前に打診を行った。その後，承諾を得た学校に調査用紙（以下，担任アンケート）を郵送し，同封した返信用封筒での返送を求めた。調査項目は記入者の教員経験年数，学級在籍児童数，明らかな重複児童数，発達障害様の特徴を示す児童数であった（表1-1）。なお，「明らかな重複障害児」とは「他の身体障害や知的な遅れのために教科や集団活動等において同学年

の子どもたちと目標を共有するのが困難な者を意図している。例えば知的障害の場合，動作性IQでおおよそ70以下，もしくは小学部低学年でおおよそ2年以上，小学部高学年・中学部で3～4年以上の発達の遅れを有することを目安にしている」旨をアンケートに明記した。以下，本論文中でも同様に定義する。

結果，「該当児がいる」として調査協力可能だったのは99校中35校（35.4%）であった。協力の承認が得られなかった学校としては，「該当児がいない」としたのが23校（23.2%），それ以外の「業務多忙のため」，「校内理解ができていないため」等は19校（19.2%）であり，また，返答が無かったのは22校（22.2%）であった（図1-1）。

1-1-2-2. 対象

調査協力可能であった聾学校小学部35校の単一障害学級担任もしくはそれに準ずる教員を対象に，担任アンケートへの回答を求めた。

表1-1. 担任アンケート

問1	教員経験年数，聾学校教員経験年数
問2	学級の在籍児数
問3	聴覚障害以外の明らかな困難（肢体不自由，明らかな発達の遅れなど）を持つ児童の人数
問4	上記の児童を除いて，軽度発達障害の特徴を示す児童の人数
	1．聞こえや他の学習の様子から考えて，新しいことばがなかなか定着しない。
	2．鏡文字が多い。
	3．授業中，極端に落ち着きがない。
	4．パニックになった後，なかなか気分転換ができない。
	5．こだわりが強い。
	6．コミュニケーションのとり方が不自然，関係作りが困難。

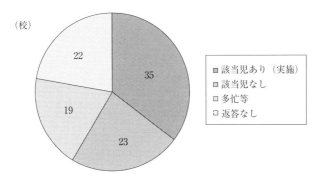

図1-1. 調査依頼結果と実施校数

1-1-3. 結果

承諾を得た35校の内,33校(35校中94.3%)より返答を得た。これは全聾学校小学部の33.3%であり,対象は208学級(全国聾学校単一障害学級452学級の46.0%),722名(全国聾学校小学部単一障害学級在籍児1572名の45.9%)であった。

担任アンケートは201学級より有効回答を得た。

① **教員経験年数**

回答者の教員経験年数は,1～5年が50名,6～10年が23名,11～15年が30名,16～20年が27名,21～25年が31名,26～30年が16名,31～35年が9名,無記入が15名,記入者の平均教員経験年数は14.5年(SD=9.3)であった(図1-2)。1～5年が最も多いものの,ついで多いのは21～25年であり,全体的に分散していた。

聾学校教員経験年数は,1～5年が最も多く110名,6～10年が37名,11～15年が19名,16～20年が18名,21～25年が4名,26～30年が0名,30年以上が1名,無記入が12名であった(図1-3)。平均聾学校教員経験年数は6.7年(SD=5.9)であった。

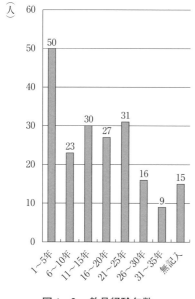
図1-2. 教員経験年数

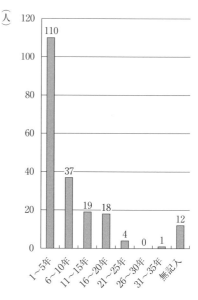
図1-3. 聾学校教員経験年数

② 学級在籍人数

問2では，学級の在籍児数を質問した。在籍人数が1名が37学級 (18.4%)，2名在籍が34学級 (16.9%)，3名在籍が36学級 (17.9%)，4名在籍が44学級 (21.9%)，5名在籍が33学級 (16.4%)，6名在籍が14学級 (7.0%) であった (図1-4)。平均在籍児童数は3.3名 (SD=1.6) で特に偏りは無かった。

7名以上在籍していると答えたものが2学級 (1.0%) あったが，複数学年合同で学級が構成されているなどの特殊な事情によると考えられる。

③ 学級の中に，肢体不自由，明らかな発達の遅れ，視覚障害など聴覚障害以外に明らかな困難を持つ児童はいるか

明らかな重複障害児について質問したところ，いないと答えた学級が125学級 (62.2%)，1名以上在籍していると答えた学級が69学級 (34.3%)，無記

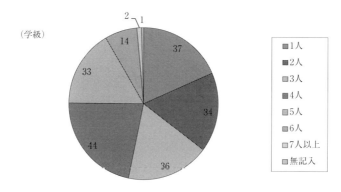

図1-4．学級の在籍児数

入が7学級（3.5%）であった（図1-5）。単一障害学級に在籍する重複障害児は100名となり，単一障害学級にも聴覚障害以外の困難を持つ児童が少なからず存在していることがわかった。

本研究では，聴覚障害に発達障害を併せ有すると考えられる児童の割合を算出することを目的とするため，単一障害学級に在籍するものの，明らかな重複障害児である100名に関しては対象児童から除くこととした。そのため本研究の対象児童は622名（1572名中39.6%）とした。

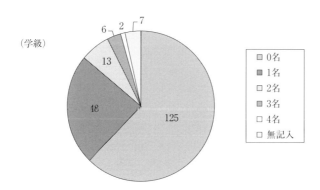

図1-5．学級の重複障害児童在籍数

④ 前述の明らかな聴覚障害以外の困難をもつ児童を除き，指導を通して発達障害の主な特徴と思われる6つの行動を示す児童について

　発達障害様の6つのいずれかの特徴を示す児童が一人でもいるとした学級が93学級（46.3%），そのような特徴を示す児童はいないとした学級が108学級（53.7%）であった（図1-6）。「気になる」行動を示す児童がいると46%もの担任が感じていることが示唆された。

　なお，「気になる」児童の人数としては132名であった。

　以上より，聴覚障害に何らかの困難を併せ持っているものの数は，明らかな重複障害児100名，発達障害と思われる児童が132名であり，明らかな重複障害児を除いて発達障害様の特徴を示すものは21.2%（622名中）であった。つまり，聾学校単一障害学級に在籍する児童の21.2%（明らかな重複障害児100名も合わせると37.3%）に対して，教師が発達障害様の課題があると感じていることが示された。

　困難の特徴別にみると，「聞こえや他の学習の様子から考えて，新しいことばがなかなか定着しない」とされた児童は79名（622名中12.7%），「鏡文字が多い」とされた児童は12名（同中1.9%）「授業中，極端に落ち着きがない」とされた児童は41名（同中6.6%），「パニックになった後，なかなか気分転換ができない」とされた児童は30名（同中4.8%），「こだわりが強い」とされた児

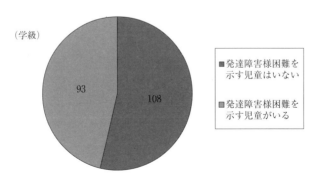

図1-6．発達障害様の特徴を示す児童がいるとした学級数

童は44名（同中7.1%），「コミュニケーションのとり方が不自然，関係作りが困難」とされた児童は41名（同中6.6%）であった（図1-7）。ことばに困難を持つ児童が最も多かったが，一方で，ADHD，高機能自閉症の特徴とされる困難を示すと感じられる児童もそれぞれ5～7％程度見られることがわかった。

なお，この質問は特徴を示す児童人数を尋ねたので，一人の児童が複数の特徴を示す場合，複数回答となる。

また，本研究では担任アンケートと同時に，発達障害様の特徴を示した「気になる」児童132名に対して個別の調査を依頼した（研究1-2）。その中で，聴覚障害以外の診断を受けているものについて質問したところ，37名（132名中28.0%）が該当した。内訳としては，LD（傾向含）とされているものが4

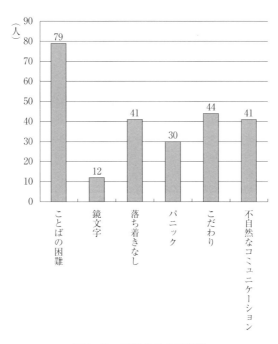

図1-7．困難を示す児童数

名, AD/HD（傾向含）とされているものが8名, 広汎性発達障害, 自閉症（傾向含）とされているものが10名, 軽度知的障害（疑い含）とされているものは4名であった（複数回答あり）。その他には「突発性感情コントロール障害」,「前頭葉機能障害」,「脳梁欠損」,「不安障害」,「脳器質性障害」,「脳波の乱れ」,「小脳に傷の疑い」など21項目の多岐にわたって挙げられた。

次に, 全国聾学校を8つの地域に分けて集計を行ったところ, アンケート実施校33校は北海道3校（実施校単一障害学級在籍児童数：90名）, 東北5校（48名）, 東京都4校（153名）, 関東（東京以外）5校（116名）, 中部5校（100名）, 近畿3校（65名）, 中国・四国4校（67名）, 九州・沖縄4校（83名）に分布した（図1-8）。実施率は東京都（57.1％）が特に高く, 次いで北海道（42.9％）, 関東（35.7％）の順に高かった。

また, 地域ごとの対象児の中での該当児の割合を求めた（図1-9）。東京都が最も高く, 約3分の2の児童に対して発達障害様の特徴を示すと教員が感じていたことがわかった。一方, 北海道では教員が発達障害を疑ったのはわずか2.2％と他地域と比べて大きく少なかった。特に東京都では, 実施率, 該当児率ともに高く, 同時に「該当児はいない」とした学校は少なく, 発達障害のある聴覚障害児への関心の高さが見られた。

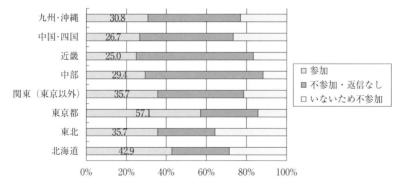

図1-8．地域別　実施率

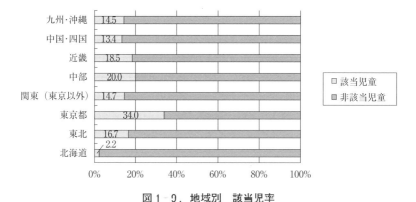

図1-9. 地域別　該当児率

1-1-4．考察

1-1-4-1．聾学校単一障害学級の発達障害を併せ有する児童の在籍率について

　本研究では聾学校単一障害学級在籍児童のうち，明らかな重複障害児を除いた622名の21.2%（132名）に対して担任が発達障害様の特徴を示すとした。聴覚障害に発達障害を併せ有するものについての先行研究には，Gallaudet University's Research Institute（GRI）により1999年から現在まで継続的に行われている調査（2001, 2002, 2003a, 2003b, 2005a, 2005b, 2006a, 2006b, 2008）がある。この調査では，LD（2006bからはspecific learning disabilityの表記に変更），ADD（Attention Deficit Disorder: 注意欠陥障害）（2004年（2005a）からはAD/HDも表記に含む），2005年（2005b）からは自閉症も加えた発達障害領域の困難を併せ有するものは14‐19%とされている。本研究は担任の印象による調査であったため，若干高率な数字となったがおおむね妥当な結果と考えられた。

　同様に，明らかな重複障害とされた100名を含めると聾学校単一障害学級在籍児童の32.1%が聴覚障害以外に何らかの困難を併せ持つということに

なった。ASHA（1984）の報告書によると特殊教育を受けているすべての聴覚障害児の30％以上が教育的に影響を及ぼす他の障害を少なくとも一つは併せ持ち、これは過去15年間を遡っても同様の傾向であるとしており、本研究の結果を支持するものであった。また、この報告の中ではカナダの調査（Karchmer, Petersen, Allen, &Osborn, 1981）でも、学齢期における聴覚障害児の30％以上が他の障害を併せ持つとしていると紹介しており、同様に結果を支持するものであった。

　また、「該当児はいない」とした23校の単一障害学級在籍児童を母数に含めて（622 + 271 = 893名）発達障害を併せ有する児童の割合を算出してみると、14.8％となり先行研究と比べて比較的低率となった。このことから「該当児はいない」とした23校にも発達障害を併せ有する児童が存在することが推察される。一方で、「該当児はいない」とした理由にひとつとして学校規模の影響が考えられる。23校のうち入学者選抜を行っている大学附属聾学校を除くと単一障害学級全学年の平均在籍児童は8.8名（SD = 5.8）（アンケート実施33校は平均21.9名，SD = 14.9）であり小規模校であった。そのような小規模校では、教師1人あたりの児童人数が少なくなり、手厚く関われるため困難が顕在化しなかった可能性がある。同時に、発達障害のある聴覚障害児への気づきにくさがあることが考えられる。聴覚障害に発達障害を合併した場合、その困難さがどちらに起因しているものなのかは判断しづらく、分かりにくいことが予想される。これに関連して次項で特徴別割合について検討する。また発達障害のある聴覚障害児に関する情報が整理、浸透していないことによる影響も示唆される。今後、研究が進められ認識を高めて行くとともに、様々な地域状況を鑑み、全国での悉皆的調査が必要であると考える。

1-1-4-2．特徴別割合と傾向について

　以下で割合を求める場合、特に記載がないものはアンケート実施校の対象児から明らかな発達障害児を除いた622名を母数とした。

本調査では複数回答可としたため概算ではあるが，その内訳をみると，LD様の特徴（「ことばの困難」，「鏡文字」）を示すものは14.6%（622名中91名）であった。同様にAD/HDの特徴とされる困難を示すものが11.4%（71名），高機能自閉症の特徴とされる困難を示すものが13.7%（85名）見られた。先述のGRI（2001〜2008）の報告ではLDが8.0〜12.8%，ADD（AD/HD）が5.1〜7.1%，自閉症（2005b〜）が1.0〜1.6%であったと報告している。またASHA（1984）の報告では，特別な学習障害を持つ児童の割合は7.5%，情緒・行動問題を併せ持つ児童の割合は6.1%としている。本研究と先行研究を比較すると，本研究のほうがいずれも高い割合であった。本研究では複数回答を考慮に入れず概算したために割合が高くなっているのに対し，GRI，ASHAの報告は該当者を聴覚障害以外の障害があると認められ，それに関連する教育的，援助サービスを受けていると認められたものに限っていることの影響が考えられる。いずれにせよ，本研究では教師への質問紙による印象調査であるという限界を有するため，今後それぞれ画一の基準を持った調査を行い，より詳細なデータから考察する必要があると考える。

　発達障害様の困難を特徴別に見ると，「ことばの困難（新しいことばの定着）」に困難を持つ児童が全体（622名）の12.7%と最も多かった。一般的に音声入力に制限のある聴覚障害児は言語面に困難を持つといわれており（我妻，1990; 鷲尾，2004; 長南・斎藤・大沼，2008），その困難の原因が聞こえにくさにあるのか，認知の偏りによるのか区別がつきにくい。発達障害による困難であっても，聞こえにくさによるものとしか受け取られず，適切な支援を受けられていない児童がいる可能性が考えられる。また，本調査では特定の項目としては無かったが，多動や興味の偏りなど，行動的に観察しやすいものに対しては大人が気付きやすいが，不注意優勢型のAD/HDなど集団のなかで見過ごされやすいものに関しては「聞こえていないから」，「ボーっとしている」などとして気付かれにくい面があると考えられる。また，言語性LDなどの困難に聴覚障害も併せ持っていることによって，その言語的困難は発達障害

単独よりもより重篤な状態として表出される可能性が考えられる。どのような言語の遅れが発達障害によるものと考えられるのか，詳しく調査することは今後の課題である。

1-1-4-3．診断と実施率

学級担任が発達障害様の困難を持つとした132名の児童の内，聴覚障害以外の何らかの医学的診断を受けているものは28.0%（37名）で，その中でも発達障害圏の診断を受けているものは複数回答を含んでも59.5%（22名）であった。一方で，その他の周辺と思われる診断が21項目に渡って挙げられ，診断が一定しない様子が示された。以上のことから，医療の立場からも聴覚障害児にとっての発達障害の診断基準がまだ確立されておらず混乱が見られることが示唆される。今後，発達障害のある聴覚障害児の特徴を整理することにより，その診断基準を確立していくことが求められる。

地域別の実施率を見ると東京都が最も多く，関心の高さが見られた。東京都では聾学校以外にも通常学校難聴通級指導教室，難聴特別支援学級やその他の施設などの支援体制が比較的充実し，子どもの実態や希望に合わせて選択の幅が広い。聴覚障害単一の障害で，聞こえによる困難はあるものの，学習や社会認知などに特に問題がない場合，環境を整えたり情報保障等の支援を受けたりしながら通常学校に在籍するものも多くなることが考えられる。平成18年度の行政調査（文部科学省, 2006; 東京都, 2006）によると，通常学級に在籍し，難聴通級指導教室に在籍していないものを含まず，かつ重複学級も含んでの参考数ではあるが，全国で聾学校に通っている児童は2210名，難聴通級指導教室，難聴特殊学級に在籍している児童は2317名で1.0倍，東京都では聾学校に通っている児童は208名，難聴通級指導教室，難聴特殊学級に在籍している児童は255名と通常学校在籍児の方が1.2倍と高かった。本研究においても，東京の聾学校では聞こえにくさによるもの以外の困難をもつ児童の割合が他地域よりも高くなっており，さらに，そのような児童が多く

存在することから，結果的に発達障害を併せ有する児童への関心が高くなり，実施率が高くなったと考えられる。

1-1-4-4．成果と課題

本研究で実施した担任の印象によるアンケートから，聴覚障害に発達障害を併せ有すると考えられる児童は21.2%と少なからず存在していることが示唆された。一方で「該当児はいない」とする回答も多かったことから，困難の所在のわかりにくさ，聞こえにくさによるものとの区別のつきにくさが大きな課題となっていることが示唆された。また，本研究で調査を実施した学校は「該当児はいない」とした学校を含めても58.6%であった。地域によって聾学校数や様々なサポート状況の違いも予測されることも鑑み，全国聾学校での悉皆的調査が必要であると考える。また，聴覚障害に発達障害を併せ有する場合の特徴の表れ方に関して，本研究では概算による割合を示したものの，具体的特徴を示すには至らなかった。先行研究としても整理されたものは見当たらず，担任や保護者などが印象から「気になる」と感じているだけだった。今後，その特徴が聴児の場合と同様なのか，違うところがあるとしたらどのような様子なのかを，個々の事例を検討しながら明らかにしていく必要があると考える。

註
1）「学校教育法」の改正により平成19年4月1日より，従来聾学校とされてきたものは聴覚特別支援学校と名称変更がなされたが，本論文では従来通り聾学校と表記することとする。
2）「単一障害学級」とは，聾学校における通常学級，つまり重複学級ではない，学習指導要領に則った学年対応の授業をねらいとする学級のことを指す。
3）平成19年3月15日付の「『発達障害』の用語の使用について」（文部科学省）により，これまで使用してきたLD，AD/HD，高機能自閉症等を指す「軽度発達障害」という用語は「発達障害」に変更された。しかし，アンケート実施時には「軽度発達障

害」ということばを用いていたのでアンケート中のタイトルや設問等にはそのまま「軽度発達障害」を用いることとした。

1-2. 発達障害のある聴覚障害児の類型化

1-2-1. 目的

　聴覚障害に発達障害を合併した場合，聞こえにくさからくる困難と発達障害からくる困難との区別がつきにくく，またどの様な困難を特徴とするのかは明らかになっていない。

　そこで本研究では発達障害様の困難を示す聴覚障害児を，PRS（THE PUPIL RATING SCALE REVISED LD児・ADHD児診断のためのスクリーニング・テスト：森永・隠岐, 1992a）の診断基準に基づいた分類，及び因子分析等の多変量解析を用いた類型化を行い，その困難の特徴について明らかにすることを目的とする。

1-2-2. 方法

1-2-2-1. 手続き

　研究1-1において，全対象児622名の内，担任が発達障害様の特徴を示すとした児童132名に対して，PRS＜THE PUPIL SCALE REVISED LD児・ADHD児診断のためのスクリーニング・テスト＞を実施するよう依頼した。

　PRSとは，対象児の様子を日常的に直接観察している教員やそれに準じた者が行う印象評定尺度であり，質問に対して同学年の子供と比較して五段階尺度の評定を記入する。尺度は3が平均で，1が最も低く，5が最も高い評価となる。PRSでは全24問の質問項目から言語性LDサスペクト，非言語性LDサスペクト，総合サスペクトを評価するとしている。項目内容から言

語性 LD は現在一般的に言われているものと同様の状態を指していると考えられるが，非言語性 LD の示す状態は，いわゆる ADHD や高機能自閉症の一部をも含んでいると考えられ，つまり PRS は LD のみならず，現在日本において一般的に理解されているような ADHD や自閉症スペクトラム，不器用さや見当識障害等の発達障害全般を対象としたスクリーニングテストであると考えられる。そこで，本研究では現在一般的に日本において理解されている用語との差異に鑑み，LD という用語は適当ではないと考え，以下 PRS で言語性 LD とされているものを「言語性困難」，非言語性 LD とされているものを「非言語性困難」とすることとした。

　なお，本研究では PRS を聴覚障害児にも適切に実施できるように，佐藤（2002），菊地（2004）を参考に変更を加えた（以下，PRS 聴障版とする）。具体的には，調査対象児の比較群として「同学年の子ども」とある部分を「聾学校の同学年の子ども」とすること，また「Ⅰ.聴覚的理解と記憶」領域の「単語の意味を理解する力」項目と，「Ⅱ.話しことば」領域の5項目の全6項目について「音声言語・書きことば」と，手話等を含み対象児が最もコミュニケーションをとりやすいと考えられる「最も使いやすいコミュニケーション手段」の二面で評価を求めることであった。PRS で標準化されているオリジナルの質問項目に変更を加えた項目の代表例を図2-1に示す。また質問項目の一覧を表2-1に示した。

　また，記入の際の注意事項として，PRS に基づき，記入は対象とする子どもを日頃からよく観察している担任教員，またはそれに準ずる者が行うことと，聴覚障害児と接する経験が2年未満の教員は，経験の長い者となるべく相談しながら実施することを記入方法と共に明記した。

　なお，PRS では領域ⅠとⅡの合計得点が45点中20点以下の場合を言語性困難サスペクト，領域Ⅲ，Ⅳ，Ⅴの合計得点が75点中40点以下の場合を非言語性困難サスペクト，領域Ⅰ～Ⅴの全領域の合計得点が120点中65点以下の場合を総合サスペクト[1]としている。PRS 聴障版においてもこの基準

I. 記憶と理解
a. 単語の意味を理解する力
1. 聾学校の同学年の子どもと比べて，単語の理解力がとても未熟である。
2. 簡単な単語の意味がつかめない。(聾学校の同学年の子どもと比べて，単語の意味を取り違えやすい。)
3. 聾学校の同学年の子どもが使う単語をよく理解している。
4. 聾学校の同学年の子どもが使う単語をよく理解しているだけでなく，聾学校のその年齢以上の子どもが使う単語の意味も理解できる。
5. 単語の理解力が優れている。(多くの抽象語を理解できる。)

音声言語・書きことばでは　　　　最も使いやすいコミュニケーション手段では

□　　　　　　　　　　　　　　□

※本図表では，変更部分に下線を付した

図2-1．PRS聴障版　変更例

表2-1．PRS質問項目

領域I．聴覚的理解と記憶		領域IV．運動能力	
	単語の意味を理解する能力		一般的な運動
	指示に従う能力		バランス
	クラスでの話し合いを理解する能力		手先の器用さ
	情報を記憶する能力	領域V．社会的行動	
領域II．話しことば			協調性
	ことばの数（語彙）		注意力
	文法		手はずを整える能力
	ことばを思い出す能力		新しい状況に適応する能力
	経験を話す能力		社会からの受け入れ
	考えを表現する能力		責任感
領域III．オリエンテーション			課題を理解し処理する能力
	時間の判断		心遣い
	土地感覚		
	関係の判断		
	位置感覚		

に従って判断をした。

1-2-2-2．対象

研究1-1において，担任が発達障害様の特徴を示すとした児童132名を対象とした。なお，PRS聴障版の記入は調査協力の承諾を得た聾学校小学部35校の単一障害学級担任もしくはそれに準ずる教員による。

1-2-3．結果

1-2-3-1．PRS聴障版による分類

発達障害様の特徴を示すとされた132名にPRS聴障版が教員により実施された。

132名の男女比は男児90名(68.2%)，女児39名(29.5%)，未記入3名(2.3%)で男児は女児の2倍以上であった。学年は1年生が最も多く31名であった（図2-2）。全体的に学年が上がるほど発達障害様の特徴を示す児童は減少していく様子が見られた。特に低学年の間は減少率が高かった。

また，対象児132名が最もよく使うコミュニケーション手段（複数回答可）としては「手話（指文字含む）」が70名と最も多く，次いで「口話（読話含む）」が46名，「身振り」が19名，「キュード」が5名であった（図2-3）。なお，「その他」として「聴覚」1名，「音声」1名としたものがあったが「口話（読話含む）」の中に含めた。「発音サイン」1名は「キュード」であると解釈し含め，「指さし」1名は「身振り」に含めた。

良耳の平均聴力レベルは50〜59dBHLが1名，60〜69dBHLが3名，70〜79dBHLが5名，80〜89dBHLが2名，90〜99dBHLが6名，100〜109dBHLが14名，110〜119dBHLが7名，120〜129dBHLが1名，130dBHL以上が2名であった（図2-4）。ただし，聴力レベルについては記入のないものが多かった。人工内耳を装用している児童は10名（7.6%），不

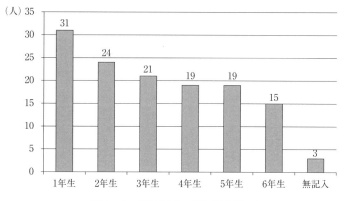

図2-2. 実施児童　学年別人数

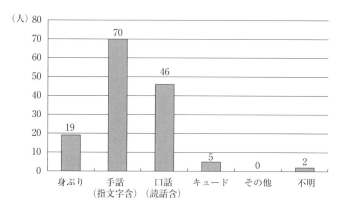

図2-3. 実施児童　最もよく使うコミュニケーション手段

明が7名であった。

また，補聴器の使用頻度については，ほとんど1日中装用しているものが109名，必要な時のみ装用するものが8名，非装用が6名，不明9名であり，ほとんどが常時装用していた。

以下，質問項目に欠損データのあった10名を除き，122名を分析対象とし，母数を612名とする。

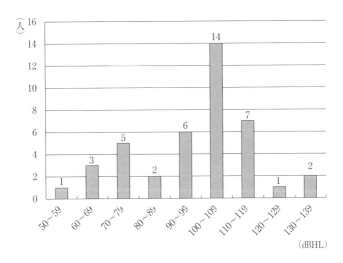

図2-4. 実施児童　良耳平均聴力レベル

　PRSの判定基準に従い，領域Ⅰ，Ⅱの合計得点より言語性困難サスペクト児の割合を求めた。領域Ⅰ及びⅡにおいては「音声言語・書きことば」と「最も使いやすいコミュニケーション手段」の二面で評価を求めた部分があるため，それぞれの結果において合計得点を求めた。「音声言語・書きことば」での評価による結果では76名，つまり全体の612名中12.4%，PRS聴障版実施児童122名中62.3%が言語性困難サスペクトであるとされた（図2-5）。手話などを含む「最も使い易いコミュニケーション手段」による評価では59名，つまり全体の9.6%，122名中48.4%が言語性困難サスペクトであるとされ，「音声言語・書きことば」による評価よりも該当児童が減少した（図2-6）。

　領域Ⅲ，Ⅳ，Ⅴの得点合計により，非言語性困難サスペクト児の割合を求めた。その結果75名，すなわち全体の12.3%，122名中61.5%が非言語性困難サスペクトであるとされた（図2-7）。

　領域Ⅰ～Ⅴの全領域の合計得点より，総合サスペクト児の割合を求めた。

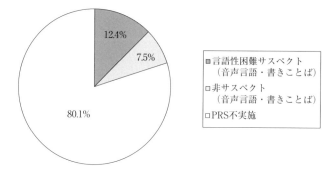

図2-5.「音声言語・書きことば」での言語性困難サスペクト率

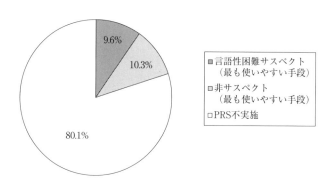

図2-6.「最も使い易いコミュニケーション手段」での言語性困難サスペクト率

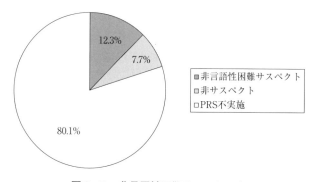

図2-7. 非言語性困難サスペクト率

領域Ⅰ及びⅡにおいては評価を「音声言語・書きことば」と「最も使い易いコミュニケーション手段」の二面で評価を求めたので，それぞれの結果において合計得点を求めた。「音声言語・書きことば」での評価による結果では99名，つまり全体の16.2%，122名中の81.1%が総合サスペクトであるとされた（図2-8）。また，「最も使い易いコミュニケーション手段」での評価による結果では86名，つまり全体の14.1%，122名中70.5%が総合サスペクトであるとされた（図2-9）。

担任が発達障害様の特徴を示すとしてPRS聴障版を実施したものの，言語性困難サスペクト，非言語性困難サスペクト，総合サスペクトのいずれに

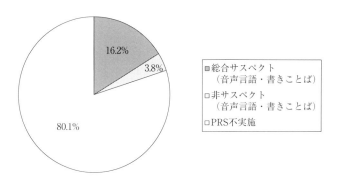

図2-8．「音声言語・書きことば」での総合サスペクト率

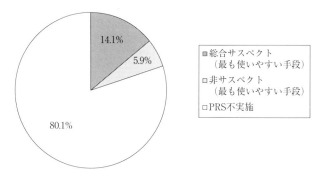

図2-9．「音声言語・書きことば」での総合サスペクト率

表2-2. サスペクト児の割合

	言語性困難サスペクト	非言語性困難サスペクト	総合サスペクト
音声言語，書きことば	12.4%	12.3%	16.2%
最も使い易いコミュニケーション手段	9.6%		14.1%

も該当しなかった児童がいた。「音声言語・書きことば」による評価では13名（122名中10.7%），「最も使い易いコミュニケーション手段」による評価では27名（同22.1%）であった。

　以上，全対象児612名に対するサスペクト児の割合をまとめると表2-2のようになった。

　それぞれの評価基準において言語性困難サスペクトと非言語性困難サスペクトの重複の様子を見た。「音声言語・書きことば」の評価では，何らかの領域でサスペクトになったのは109名（612名中17.8%）で，そのうち言語性困難サスペクトのみに該当したものが26名（612名中4.2%，109名中23.9%），非言語性困難サスペクトのみに該当したものが25名（612名中4.1%，109名中22.9%）であった。言語性，非言語性両方でサスペクトとなったものが最も多く50名（612名中8.2%，109名中45.9%）であった。また，総合サスペクトであったものは99名で，そのうち総合サスペクトと言語性困難サスペクトの重複であった者が21名，総合サスペクトと非言語性困難サスペクトの重複であった者が20名，総合サスペクトのみ該当であったのは8名であった。（図2-10）。

　「最も使いやすいコミュニケーション手段」による評価では，何らかの領域でサスペクトになったのは95名（612名中15.5%）で，そのうち言語性困難サスペクトのみに該当したものが18名（612名中2.9%，95名中18.9%），非言語性困難サスペクトのみに該当したものが34名（612名中5.6%，95名中35.8%）であった。言語性，非言語性両方でサスペクトとなったものが41名（612名

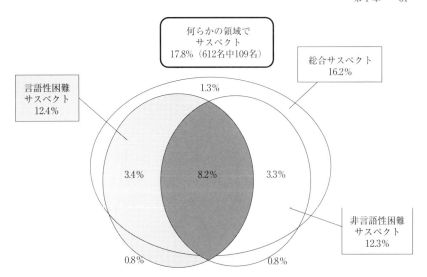

図2-10. サスペクトの重複（音声言語・書きことば）

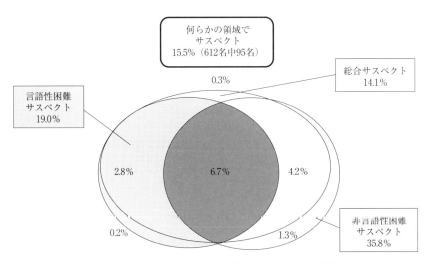

図2-11. サスペクトの重複（最も使いやすい手段）

中6.7%，95名中43.2%）であった。また，総合サスペクトであったものは86名で，そのうち総合サスペクトと言語性困難サスペクトの重複であった者が17名，総合サスペクトと非言語性困難サスペクトの重複であった者が26名，総合サスペクトのみ該当であったのは2名であった（図2-11）。全体として「音声言語・書きことば」での評価よりも言語性困難サスペクトに該当する者が少なく，言語性困難サスペクトのみの該当者も少なくなった。一方で割合としてみると，言語性困難サスペクトのみに該当する者の2倍程度が言語性困難と非言語性困難の両領域でサスペクトとなり，高い割合を占めた。これは「音声言語・書きことば」，「最も使いやすいコミュニケーション手段」のどちらの評価基準においても同様の傾向であった。

1-2-3-2．多変量解析による類型化

PRS聴障版結果を基に，多変量解析による類型化を試みた。まず質問項目間の関係を整理するため，全24項目への回答を変数として，因子分析を行った。母集団は欠損値のあるデータを除いた122名である。なお，「音声言語・書きことば」と「最も使いやすいコミュニケーション手段」の二面で評価を求めた部分については，教科学習は音声言語や書きことばをベースとしており，社会生活をスムーズに行うためにも必要不可欠であると考えられる，「音声言語・書きことば」での評価を変数とした。主因子法を用いて因子を抽出したのち，バリマックス回転を行った。その結果，固有値1以上で5因子が抽出された。表2-3にバリマックス回転後の各変数の因子負荷量を示す。

各因子における因子負荷量をみると，因子1では「Ⅱ．話しことば」の全5項目と単語理解や情報記憶に関する項目が強く関連していることから因子1を「言語表出・言語的知識」とした。因子2では「Ⅴ．社会的行動」の全8項目が強い関連を示したことから，因子2を「社会性」に関する因子とした。因子3では「Ⅳ．運動能力」の全3項目と強い相関を示したことから「運動能力」に関する因子とした。因子4では「Ⅲ．オリエンテーション」のほ

表2-3. PRS聴障版因子分析結果

	因子1	因子2	因子3	因子4	因子5	共通性
Ⅱことばを思い出す能力	**0.93**	0.03	-0.04	0.06	0.11	0.89
Ⅱ語彙	**0.91**	-0.03	-0.07	0.17	0.06	0.86
Ⅰ単語の意味を理解する能力	**0.89**	-0.03	-0.13	0.11	0.10	0.83
Ⅱ考えを表現する能力	**0.88**	0.01	-0.01	0.11	0.12	0.81
Ⅱ経験を話す能力	**0.86**	0.06	-0.04	0.10	0.12	0.76
Ⅱ文法	**0.81**	-0.05	0.05	0.08	0.17	0.69
Ⅰ情報を記憶する能力	**0.60**	-0.04	-0.04	0.29	0.24	0.51
Ⅴ協調性	-0.14	**0.81**	0.02	-0.27	0.15	0.77
Ⅴ心遣い	-0.17	**0.76**	0.08	0.00	-0.16	0.64
Ⅴ社会からの受け入れ	-0.13	**0.74**	0.15	0.15	-0.05	0.61
Ⅴ責任感	0.11	**0.56**	0.19	0.19	0.02	0.40
Ⅴ課題を理解し処理する能力	0.00	**0.53**	0.05	0.09	0.14	0.31
Ⅴ手はずを整える能力	0.03	**0.46**	0.30	0.11	0.08	0.32
Ⅴ注意力	0.19	**0.40**	-0.12	-0.01	0.25	0.27
Ⅴ新しい状況に適応する能力	0.06	**0.39**	0.09	0.03	0.26	0.23
Ⅳ一般的な運動	-0.15	0.14	**0.89**	0.18	-0.01	0.86
Ⅳバランス	-0.15	0.16	**0.83**	0.11	-0.03	0.74
Ⅳ手先の器用さ	0.03	0.13	**0.63**	0.04	0.08	0.42
Ⅲ関係の判断	0.28	0.05	0.06	**0.70**	0.15	0.60
Ⅲ土地感覚	0.15	0.18	0.28	**0.60**	0.1	0.51
Ⅲ位置感覚	0.26	0.10	0.18	**0.33**	0.21	0.27
Ⅰクラスでの話し合いを理解する能力	0.38	0.29	0.03	0.26	**0.61**	0.68
Ⅰ指示に従う能力	0.27	0.10	0.04	0.16	**0.70**	0.61
Ⅲ時間の判断	0.11	0.26	0.15	0.12	0.19	0.15
累積寄与率（%）	23.24	36.52	45.77	51.71	57.26	

（主因子法，バリマックス回転）

とんどの項目と強い関連を示したことから「オリエンテーション」に関する因子とした。因子5では指示に従ったり，話し合いを理解し参加できるかを評価する項目と強い関連を示した。このことから因子5は「言語理解」に関

表2-4. 各クラスタにおける各因子得点の平均値 (SD)

	言語表出・言語的知識	社会性	運動能力	オリエンテーション	言語理解
第1クラスタ (n=53)	-0.46 (0.67)	0.61 (0.66)	0.37 (0.76)	-0.08 (0.63)	0.00 (0.65)
第2クラスタ (n=17)	1.47 (0.82)	0.28 (1.0)	-0.53 (0.82)	0.16 (1.23)	1.00 (0.89)
第3クラスタ (n=28)	-0.54 (0.44)	-0.66 (0.65)	-0.74 (0.74)	-0.11 (1.03)	-0.22 (0.54)
第4クラスタ (n=24)	0.61 (0.67)	-0.79 (0.54)	0.42 (0.91)	0.19 (0.62)	-0.45 (0.91)

する因子とした。なお，項目「Ⅲ．オリエンテーション：時間の判断」のみ，どの因子にも強い関連は見られなかった。

次に，抽出された各因子の因子得点を回帰法により算出し，それらを変数としてクラスタ分析（Ward法）を行った。抽出されたデンドログラムより，4つのクラスタが見出された。第1クラスタに属する児童は53名（612名中8.7%，122名中43.4%），第2クラスタに属する児童は17名（612名中2.8%，122名中13.9%），第3クラスタに属する児童は28名（612名中4.6%，122名中23.0%），第4クラスタに属する児童は24名（612名中3.9%，122名中19.7%）であった。表2-4は，各クラスタにおける各因子得点の平均値と標準偏差（SD）を示したものである。

抽出された各因子における変数の因子負荷量の値を考慮すると，各因子得点の値が正の方向に大きくなるほど，その因子に強く関連している各項目の素点は群内において相対的に高くなり，良好な状態である。また因子得点0点は相対的な平均点であると言える（図2-12）。この点を踏まえ，以下から各クラスタの特徴を述べていく。

第1クラスタにおいては，「言語表出・言語的知識」の因子得点の平均値は他の群よりも低くなっているが，「社会性」や「運動能力」の平均値は他の群

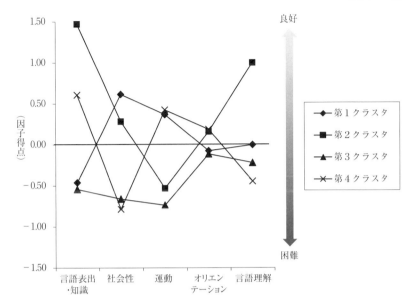

図2-12. 各クラスタにおける各因子得点の平均値

よりも高くなっている。つまり，第1クラスタに属する児童は言語的な弱さを持つものの，コミュニケーションには特に困難のない児童達であるといえる。

第2クラスタにおいては，「言語表出・言語的知識」，及び「言語理解」の平均値は共に高くなっているが，「運動能力」の平均値は極めて低くなっている。つまり，第2クラスタに属する児童は，その運動能力に特に弱さを持つ児童達であるといえる。

第3クラスタにおける各因子得点の平均値は全体的に低くなっており，この群に属する児童は言語能力，社会性，運動能力ともに弱さを持つ児童達であるといえる。

第4クラスタにおいては，「言語表出・言語的知識」の因子得点の平均値は高くなっているが，「社会性」及び「言語理解」の平均値は低くなっている。

つまり，第4クラスタに属する児童は，言語的な知識があり，自分からの意図表出はあるものの，その意図を他者と共有することに困難を持つ児童達であると言える。

1-2-4．考察

1-2-4-1．PRS聴障版による分類から

　PRS聴障版の対象児となった132名のプロフィールに関しては，日本版PRSの標準化研究（森永・隠岐, 1992b）で検出対象となるものには男児が多く，その性比は1.8：1であるとされていること，また中学年を境に減少し，低学年での出現率は高学年の2倍程度であるとしていることと同様の傾向であった。多動性が徐々に沈静化したことや（宮本, 2000），学習の積み重ねにより困難が顕在化しなくなった等の影響が考えられる。標準化研究でも示唆されているように，二次障害の予防のためにも早期からの対応が必要であることが示された。一方で，低学年では聴覚障害児教育を受けた期間や発達の差等で個人差が大きく，評価にばらつきが出たとも考えられ，今後の課題となった。教員の観察により発達障害の特徴を示すとされた21.2%の児童にPRS聴障版を実施した結果，言語性困難サスペクトとされたものが12.4%（以下，「音声言語・書きことば」による評価での値），非言語性困難サスペクトとされたものが12.3%，総合サスペクトとされたものが16.2%であった。ASHA（1984）の報告では，特別な学習障害のある聴覚障害児の割合は7.5%，情緒・行動問題を併せ有する聴覚障害児の割合は6.1%としている。本研究とASHAの報告を比較すると，本研究のほうが高い割合であった。これは，本研究では小学部教員への質問紙調査によるサスペクト児の検出であったのに対し，ASHAの報告では調査対象の幅が就学前から高等学校までと広く，さらに該当者を「聴覚障害以外の障害が認められ，それに関連する教育的，援助サービスを受けていると認められたもの」に限っていることによると考えられる。

例え，何らかの発達障害があったとしてもそれに対する支援サービスを受けていなければ，そのような事例はカウントされていないため，そのことが本調査と比べた際の差となったと考える。

また，本研究とほぼ同様のPRSを使用した菊地（2004）の報告では聴覚障害児の37%が聴覚障害以外の何らかの困難をもち，うち28%が言語性LDサスペクト（以下，分類名は原文のまま），19%が非言語性LDサスペクト，35%がLDサスペクトであるとした。菊地の報告は，本研究に比べて高い割合となっているが，その理由として，菊地は調査を聴覚障害児教育の研究会のメンバーを中心に依頼したため，実施者が聴覚障害児教育に非常に高い意識をもったものであったことによる影響が考えられる。評価者による影響は今後の課題の一つであると考える。

発達障害の割合に関して聴児に行われた研究としては，日本版PRS作成時の標準化研究（森永ら，1992b）と2002年に行われた文部科学省の調査，2003年に行われた東京都教育委員会の調査がある。標準化研究では小学生の約8%が総合サスペクトであるとした。文部科学省の行った調査では単一障害学級に在籍する児童の6.3%が特別な教育的支援を必要としているとし，その内訳として学習面で著しい困難を示すものが4.5%，行動面で著しい困難を示すものが2.9%，学習面と行動面ともに著しい困難を示すものが1.2%であると報告した。また，東京都教育委員会の調査では通常学級に在籍する児童の4.4%が特別な教育的支援を必要としているとし，その内訳として学習面で著しい困難を示すものが2.9%，行動面で著しい困難を示すものが3.0%，学習面と行動面ともに著しい困難を示すものが1.5%であると報告した。

聴覚障害児を対象とした本研究，さらにASHA，菊地の報告ともに，聴児を対象としたいずれの報告よりも発達障害が高い割合で疑われた。発達障害の原因はいまだ特定されていないものの，中枢神経の何らかの機能障害による（文部科学省，2004）とされている。聴覚障害があるということと他の障害を

併せ持つことは直接関係していないにしても，聞こえの困難以外のリスクについても注意深く子どもを観察する必要があることが示唆された。また，言語性困難，非言語性困難でともにサスペクトとなるものが最も多かったことも，聴児においてLDとADHDは重複し易いといわれている（宮本，2000）ことと同様の困難傾向であったと考えられる。

今回の調査では教員が何らかの発達障害様の困難を示すとした児童のみにスクリーニングテストを実施した。そのため，本来は認知的な偏りからくる困難を併せ有していたとしてもそれが顕在化していなかったり，聞こえにくさからくるものであるとみなされている場合は抽出することができなかったことが課題であった。今後，発達障害はないと印象判断された聴覚障害児も含め，全ての聴覚障害児に対するチェックリスト調査を実施する必要があると考える。

1-2-4-2．多変量解析による類型化から

質問項目を因子分析により5因子に分類し，各児童のPRS聴障版実施結果の5因子における因子得点を算出した。その結果からクラスタ分析を行い，児童をその特徴から4クラスタに分類した。それぞれのクラスタについて因子得点と，因子内の因子負荷量の高い質問項目から予想される児童の特徴を考察する。

第1クラスタは4つのクラスタの中で最も該当人数が多く，全体の612名中8.7%であった。この群の特徴は，「言語表出・言語的知識」に苦手さを持つことである。特に，単語や文法の定着，語想起，話したいことをまとめて伝えることに困難があるようである。一方で，それ以外の因子では平均からそれ以上の値を示し，大きな困難は見られなかった。なかでも「社会性」は高く，集団適応は良好であるのも特徴的であった。言語面も「理解」は平均レベルであり，表出に比べると高い値である。相手の言っていることを理解してコミュニケーションを豊かにとることはできるものの，正確な文章で話

したり，書いたりすることや，適切な単語がすぐに思いつかず「あれ・これ・それ」などの代名詞や指さしを多用したり，「あの，紙をきるやつ（はさみ）」などの迂回表現がみられることが予想される。

　第2クラスタは最も該当人数が少なく，全体の2.8%であった。クラスタ分析のデンドログラムでは，最も初めにクラスタ化された群であり，他のクラスタからの独立度は高く，また「運動能力」以外の因子はすべて平均以上であった。このタイプはいわゆる「不器用」に見えるような状態であり，他の学習面や社会性には特に問題を持たないものが多い。運動面では手先の器用さなどの微細運動よりも，歩く，走る，飛び跳ねる，登るなどの全身を使ってバランスをとりながら行う粗大運動に特に困難が表れやすい。一方で言語面は表出，理解共に4クラスタの中で相対的に最も高い値を示し，良好であることが示され，運動面での困難が独立して表れたタイプであった。

　第3クラスタは全体の4.6%であり，2番目に高い割合で現れた。この群は全5因子すべてが平均より低い値を示し，様々な困難が混合して表れたタイプであった。特に「運動」，「社会性」，「言語表出・言語的知識」の因子得点値が低かった。運動全般，他者との気持ちのやりとり，語彙やまとめて話すことが苦手な様子が予想される。一方で最も値が高かったのは「オリエンテーション」であり，土地感覚がよく，迷子にならない，近い―遠い，大きい―小さいなどの判断は良好であり，このことから視覚的な手掛かりが比較的有効である可能性がある。

　第4クラスタは3.9%が該当した。「社会性」と「言語理解」の因子に大きな困難が見られた。周囲との協調性や，相手への心遣いに苦手さを持つとともに，指示に従ったり，クラスでの話し合いを理解することにも困難を持つことが予想される。話し合いを理解するためには言語知識はもちろんであるが，会話を成立させ，意志疎通を図るために，相手と気持ちや場を共有することが必要であり，そういった「社会性」に苦手さをもつため「言語理解」にも困難が表れたと考える。なお，この群の中では「言語表出・言語的知識」

表2-5. クラスタの特徴

クラスタ	割合(%)	困難の特徴	長所
第1クラスタ	8.7	単語や文法が定着しにくい 語想起が悪い 話したいことをまとめて伝えるのが苦手	集団適応 実用的コミュニケーション 言語理解
第2クラスタ	2.8	運動全般（特に粗大運動）	言語表出・理解 集団適応
第3クラスタ	4.6	運動全般 集団適応 単語や文法が定着しにくい 語想起が悪い 話したいことをまとめて伝えるのが苦手	土地感覚がよく，迷子にならない 大―小などの関係の判断 視覚的な手掛かり
第4クラスタ	3.9	集団適応 一方的な会話 話し合いの理解・参加	言語的知識 言語的な手がかり（ルール）

は最も高い値を示しており，言語力自体は持っており，自らはよく表出できることが予想される。ただし，社会性の弱さから一方的な会話になったりするなどの課題が予想される。

以上より，各クラスタの特徴を表2-5にまとめた。

また，PRSでは質問項目の中に書字や数操作に関する質問がないため，こういった面に困難を持つ児童を抽出しきれなかった。今後LD児の特徴を調査していくにあたっては，「聞く」「話す」「読む」「書く」「計算する」「推論する」の各領域ごとに予想される困難をより包括した質問項目が必要であると考える。また，本研究では教員が発達障害様の困難を示すと感じた児童のみを対象としたが，教員が特に困難なしとした児童も併せて全員を対象とした類型化も今後検討していきたい。

註
1）総合サスペクトがどのような状態か明記されていないものの，その判断基準より

言語性，非言語性の両領域に重複して困難があるとされるもの，もしくはどちらかの領域に大きな偏りはないものの全体的に評価の低いものを指すと判断される。

1-3．第1章のまとめ

本研究で教員の観察から発達障害様の特徴を示すとされた聴覚障害児は21.2%であり，PRS聴障版を利用した判定では聾学校単一障害学級在籍児に対し，12.4%が言語性困難サスペクト，12.3%が非言語性困難サスペクト，16.2%が総合サスペクトであるとされた。教員が発達障害様の特徴を示すとした者の89.3%は何らかのサスペクトであると判定された。また，先行研究と同様，聴児よりも聴覚障害児のほうが発達障害様の困難を併せ有する者の割合が高かった。

PRS聴障版を基に困難の特徴から類型化したところ，以下の4つの群に分類できた。①言語表出が苦手なものの集団適応の良い群，②運動能力のみが極端に低く，言語能力は良好である群，③運動，社会性，言語表出に困難を持ち，視覚的手がかりが使いやすい群，④言語知識は豊富なものの，社会性が乏しく一方的なコミュニケーションになりやすい群。

PRSでは数概念や書字（視覚処理）に関する項目が不足していると思われるため，そのような困難を持つ児童を抽出することができなかった。今後，発達障害を併せ有する聴覚障害児の特徴をさらに明らかにするため，困難の様子をより網羅したチェックリストが必要であると考える。さらに，今回の調査方法では，教員が発達障害様の困難は見られないとしたものについては実態を把握することができなかった。本当に聴覚障害以外の困難はないのかを明らかにするため，また本研究における類型化の平均は「困難あり」とされた児童の中での平均となっており，聴覚障害単一児の特徴との比較検討をするためにも教員の印象に関わらず聴覚障害児全員を対象にした調査が必要である。

また今回類型化された発達障害様の困難を持つ聴覚障害児について典型例を挙げつつ,その困難や支援法を具体的に検討することも今後の課題である。

第2章 文部科学省調査（2002）を用いた発達障害のある聴覚障害児の実態調査【研究2】

2-1. 聾学校幼稚部～中学部の実態調査

2-1-1. 基礎的資料（聾学校幼稚部～中学部）

2-1-1-1. 目的

　研究1-2ではスクリーニングテストとしてPRSを用いた。PRSはアメリカにおけるLD研究の先駆者であるH. R. Myklebustの提唱したモデルから作成されたスクリーニング検査である。「オリエンテーション」や「運動能力」などに関する質問項目が入っているのに対して、「不注意」や「多動-衝動性」、「対人関係やこだわり」に関する質問項目は少なく、現在日本の特別支援教育の中で定義されている発達障害と概念が十分合致していない面があった。また、研究1では発達障害のある聴覚障害児に対する学校としての取組み等については調査できていなかった。

　そこで、これらの点を補うことを意図して、文部科学省（2002）が実施した全国実態調査を用いて再度調査を行うこととした。そして、全国聾学校幼稚部、小学部、中学部を対象とし、発達障害のある聴覚障害児の割合を検討すること及び、彼らに対する支援体制の現状についても明らかにすることを目的とした。

2-1-1-2．方法

2-1-1-2-1．対象

幼稚部3年（5歳児），小学部，中学部のある全国聾学校（分校等含め）105校

2-1-1-2-2．手続き

平成19年10月にアンケート調査及びスクリーニングテストを郵送で依頼した。調査は，学校を対象にした学校用アンケートと，併せて幼稚部には幼稚部用アンケート，小学部と中学部にはスクリーニングテストからなるものであった（巻末資料参照）。

学校用アンケートは各学校に1部で，学校規模，発達障害のある幼児・児童・生徒への学校としての取り組みについて，重複学級での対応の有無について質問した。幼稚部用アンケートは各6歳児学級に1部で，在籍幼児数，明らかな重複障害児数，発達障害様の困難を示す児童数とその行動，小学部等への引き継ぎ方法について質問した。スクリーニングテストには文部科学省（2002）が通常小・中学校を対象に実施した「通常の学級に在籍する特別な教育的支援を必要とする児童生徒に関する全国実態調査」を聴覚障害児にも妥当に使用できるよう変更したもの（以下，チェックリスト）を用いた。具体的には「聞く」に関する項目に「最も使いやすいコミュニケーション手段で」と追記し，その他は文部科学省調査と同様の手続きで実施，採点した。チェックリストは全75問の質問項目に対し，それらの行動が「ない」～「よくある」等の内，最も良く当てはまると思われる所にチェックを入れるものであった。項目は大きく学習面と行動面に分かれており，学習面は「聞く」「話す」「読む」「書く」「計算する」「推論する」の6領域から，行動面は「不注意」「多動性-衝動性」に関するものと「対人関係やこだわり等」に関するものからなっている。全質問項目を表3-1に示す。チェックリストには対象児の教育歴

表3-1. チェックリスト質問項目

学習面（0..ない、1..まれにある、2..ときどきある、3..よくある、の4段階で回答）	話す	適切な速さで話すことが難しい（たどたどしく話す。とても早口である）
		ことばにつまったりする
		単語を羅列したり，短い文で内容的に乏しい話をする
		思いつくままに話すなど，筋道の通った話をするのが難しい
		内容をわかりやすく伝えることが難しい
	聞く	適切な速さで話すことが難しい（たどたどしく話す。とても早口である）
		ことばにつまったりする
		単語を羅列したり，短い文で内容的に乏しい話をする
		思いつくままに話すなど，筋道の通った話をするのが難しい
		内容をわかりやすく伝えることが難しい
	読む	初めて出てきた語や，普段あまり使わない語などを読み間違える
		文中の語句や行を抜かしたり，または繰り返し読んだりする
		音読が遅い
		勝手読みがある（「いきました」を「いました」と読む）
		文章の要点を正しく読みとることが難しい
	書く	読みにくい字を書く （字の形や大きさが整っていない。まっすぐに書けない）
		独特の筆順で書く
		漢字の細かい部分を書き間違える
		句読点が抜けたり，正しく打つことができない
		限られた量の作文や，決まったパターンの文章しか書かない
	計算する	学年相応の数の意味や表し方についての理解が難しい （三千四十七を300047や347と書く。分母の大きい方が分数の値として大きいと思っている）
		簡単な計算が暗算でできない
		計算をするのにとても時間がかかる
		答えを得るのにいくつかの手続きを要する問題を解くのが難しい （四則混合の計算。2つの立式を必要とする計算）
		学年相応の文章題を解くのが難しい

推論する		学年相応の量を比較することや，量を表す単位を理解することが難しい（長さやかさの比較。「15cm は 150mm」ということ）
		学年相応の図形を描くことが難しい（丸やひし形などの図形の模写。見取り図や展開図）
		事物の因果関係を理解することが難しい
		目的に沿って行動を計画し，必要に応じてそれを修正することが難しい
		早合点や，飛躍した考えをする

行動面①「不注意」「多動性・衝動性」	〔0…ない，もしくはほとんどない，1…ときどきある，2…しばしばある，3…非常にしばしばある，の4段階で回答。ただし0，1点を0点に，2，3点を1点にして計算〕	学校での勉強で，細かいところまで注意を払わなかったり，不注意な間違いをしたりする
		手足をそわそわ動かしたり，着席していても，もじもじしたりする
		課題や遊びの活動で注意を集中し続けることが難しい
		授業中や座っているべき時に席を離れてしまう
		面と向かって話しかけられているのに，聞いていないようにみえる
		きちんとしていなければならない時に，過度に走り回ったりよじ登ったりする
		指示に従えず，また仕事を最後までやり遂げない
		遊びや余暇活動に大人しく参加することが難しい
		学習課題や活動を順序立てて行うことが難しい
		じっとしていない。または何かに駆り立てられるように活動する
		集中して努力を続けなければならない課題（学校の勉強や宿題など）を避ける
		過度にしゃべる
		学習課題や活動に必要な物をなくしてしまう
		質問が終わらない内に出し抜けに答えてしまう
		気が散りやすい
		順番を待つのが難しい
		日々の活動で忘れっぽい
		他の人がしていることをさえぎったり，じゃましたりする

行動面② [対人関係やこだわり等]	（0…いいえ、1…多少、2…はい、の3段階で回答）	大人びている。ませている
		みんなから、「○○博士」「○○教授」と思われている（例：カレンダー博士）
		他の子どもは興味を持たないようなことに興味があり、「自分だけの知識世界」を持っている
		特定の分野の知識を蓄えているが、丸暗記であり、意味をきちんとは理解していない
		含みのある言葉や嫌みを言われても分からず、言葉通りに受けとめてしまうことがある
		会話の仕方が形式的であり、抑揚なく話したり、間合いが取れなかったりすることがある
		言葉を組み合わせて、自分だけにしか分からないような造語を作る
		独特な声で話すことがある
		誰かに何かを伝える目的がなくても、場面に関係なく声を出す（例：唇を鳴らす、咳払い、喉を鳴らす、叫ぶ）
		とても得意なことがある一方で、極端に不得手なものがある
		いろいろな事を話すが、その時の場面や相手の感情や立場を理解しない
		共感性が乏しい
		周りの人が困惑するようなことも、配慮しないで言ってしまう
		独特な目つきをすることがある
		友達と仲良くしたいという気持ちはあるけれど、友達関係をうまく築けない
		友達のそばにはいるが、一人で遊んでいる
		仲の良い友人がいない
		常識が乏しい
		球技やゲームをする時、仲間と協力することに考えが及ばない
		動作やジェスチャーが不器用で、ぎこちないことがある
		意図的でなく、顔や体を動かすことがある
		ある行動や考えに強くこだわることによって、簡単な日常の活動ができなくなることがある
		自分なりの独特な日課や手順があり、変更や変化を嫌がる

	特定の物に執着がある
	他の子どもたちから，いじめられることがある
	独特な表情をしていることがある
	独特な姿勢をしていることがある

や言語環境等を質問したフェイスシートと，担任の印象や困り感，専門機関との連携等に関する質問も加え，発達障害の有無に関わらず単一障害学級に在籍する児童生徒全員に対し1人1部ずつ，担任，もしくはそれに準ずる者がなるべく複数人で相談して付けるよう依頼した。なお，チェックリストによる著しい困難を持つ児童生徒の割合は，文部科学省（2002）が聴児に実施した際と同様の基準［学習面：6つの領域の内，少なくともひとつの領域で該当項目が12ポイント以上をカウント。行動面（「不注意」「多動性-衝動性」）：奇数番目の設問群（不注意），または，偶数番目の設問群（「多動性-衝動性」）の少なくとも一つの群で該当する項目が6ポイント以上をカウント。ただし，回答の0，1点を0点に，2，3点を1点にして計算。行動面（「対人関係やこだわり等」）：該当する項目が22ポイント以上をカウント］で採点したものである。

2-1-1-3．結果

2-1-1-3-1．集計結果

1）学校用アンケート

90校（85.7％）より回答があった。

① 学部ごとの学級数，人数について

幼稚部を設置した学校は85校（90校中94.4％）だった。各年代ごとに1学級ずつ設置しているところが最も多かった（図3-1）。また，重複学級の設置がある学校は21校（85校中24.7％）であった。

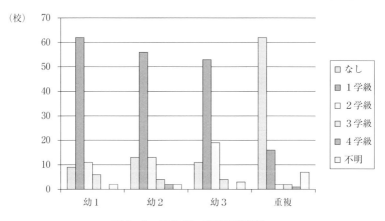

図3-1. 実施校　幼稚部学級数

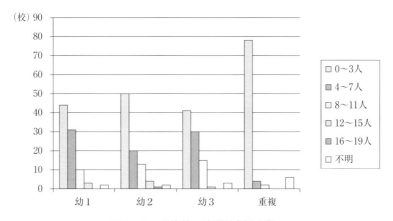

図3-2. 実施校　幼稚部在籍人数

　在籍幼児数では，どの年代でも0〜3名のところが最も多かった(図3-2)。年代ごとの平均人数は幼稚部1年で4.1名（SD=3.3），幼稚部2年で4.2名（SD=3.6），幼稚部3年で4.1名（SD=3.3）で同様であった。

　小学部のある学校は86校（90校中95.6%）だった。幼稚部と同様，各学年ごとに1学級ずつ設置しているところが最も多かった(図3-3)。また，重複

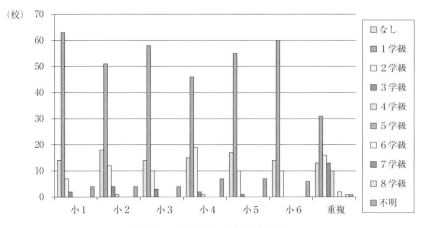

図3-3. 実施校　小学部学級数

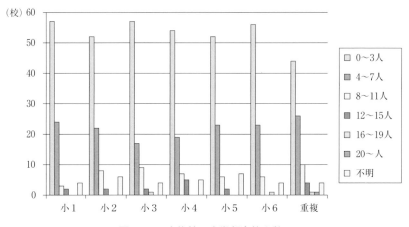

図3-4. 実施校　小学部在籍人数

学級の設置がある学校は73校（86校中84.9%）で，幼稚部より大きく増加し，ほとんどの学校で設置されていた。

在籍児数では，どの年代でも0～3名のところが最も多かった（図3-4）。学年ごとの平均人数は1年生2.9名（SD＝2.8），2年生3.4名（SD＝3.6），3年生3.3名（SD＝3.5），4年生3.7名（SD＝3.6），5年生3.3名（SD＝3.2），

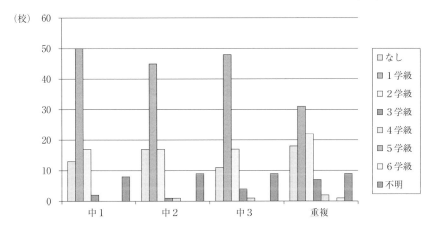

図3-5. 実施校　中学部学級数

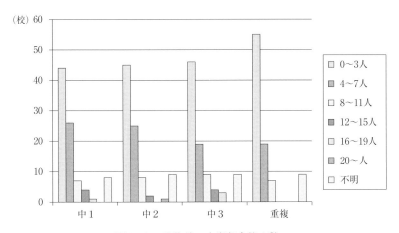

図3-6. 実施校　中学部在籍人数

6年生3名（SD＝3.8），重複学級4.5名（SD＝4.4）であった。

　中学部のある学校は76校（90校中84.4％）だった。幼稚部，小学部と同様，各学年ごとに1学級ずつ設置しているところが最も多かった（図3-5）。また，重複学級の設置がある学校は63校（76校中82.9％）で，小学部同様，多くの学校で設置されていた。

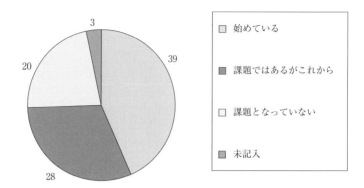

図3-7. 学校の取り組みの有無について

在籍児数では,どの学年でも0～3名のところが最も多かった(図3-6)。学年ごとの平均人数は1年生3.9名(SD=3.7),2年生3.9名(SD=3.9),3年生4.4名(SD=4.2),重複学級2.7名(SD=2.6)であった。

② 発達障害のある幼児・児童・生徒に対する学校としての取り組みの有無について

「取り組みを始めている」としたのは90校中39校(43.3%),「重要な課題とは認識しているが,具体的にはこれから」としたのは28校(31.1%)であった。「課題となっていない」としたのは20校(22.2%),未記入は3校(3.3%)であった(図3-7)。「取り組みを始めている」「重要な課題として認識している」を合わせると74.4%の聾学校で発達障害に対する認識が見られた。

③ (取り組みを始めているとした39校に質問)実施している取り組みは何か

選択回答(複数回答可)を求めたところ,「校内研修」32校,「校外研修」23校,「医療との連携」22校が上位を占めた(図3-8)。また,医療の連携先では校医以外が14校,校医(精神科等)と校医以外両方とが5校であった。精神科等の校医がいるところは少なく,他の発達について専門的な医療機関と連携をとることが多い様子が窺われた。その他にも,授業者以外の人員を配置するなど通常の枠組みを超えた柔軟な体制作りもみられ,教員のスキル

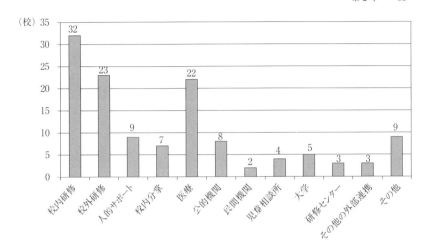

図3-8. 実施している取り組み

アップと共に、困難のある児童生徒への直接的サポートも必要である様子が見られた。

④ 今後予定している取り組みについて（自由記述）

43校より回答があった。校内外での「研修」や「連携」、「ケース会議」が多く挙げられている一方で、「発達障害様の困難を示している児童が存在するものの診断等はなく、（課題ではあるが）特別な取り組みは予定していない」という回答も3件みられた。

⑤ ADHDや高機能自閉症の児童・生徒を重複学級で対応（在籍）しているか

13校で、15名の児童に対し、重複学級で対応しているとの回答があった。

2) 幼稚部用アンケート

全国の幼稚部設置校は98校で、その内79校（80.6%）、115学級より回答があった。115学級の在籍幼児数は400名（全国単一障害幼稚部在籍1173名の内34.1%）であった。

① 明らかな重複障害児はいるか

「いる」と回答した学級が37学級（32.2%）で、幼児の数としては50名（400

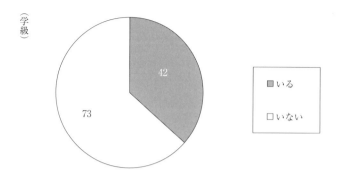

図3-9. 発達障害様の困難を示す幼児のいる学級数

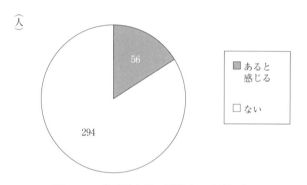

図3-10. 発達障害様の困難を示す幼児数

名中12.5%)であった。

② ①の明らかな重複障害児を除き，発達障害があると感じる幼児はいるか。また，その行動はどのようなものか。

発達障害があると感じる幼児が「いる」と回答した学級が42学級（36.5%）で（図3-9）であり，そのような幼児の数は重複障害幼児を除いた350名中56名（16.0%）（図3-10）であった。

発達障害様の困難を示すとされた56人の幼児に見られる困難の特徴を選択式（複数選択可）で求めた。「聴こえの状態に比して新しい言葉がなかなか定着しない」が最も多く27名，次いで「着席していても姿勢が保てない」が

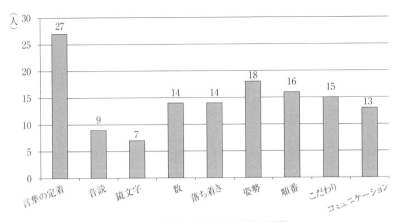

図3-11. 幼児に見られる困難の特徴

18名,「順番が待てない」が16名,「こだわりが強い」が15名,「手足をそわそわ動かしたりして落ち着きがない」が14名など, 行動面での困難が多く見られた (図3-11)。

③ ②に該当する幼児の小学部等へ引き継ぎについて

選択式(複数選択可)で回答を求めた。「引き継ぎに関する会議等（公式の形）」が最も多く31件, 次いで「個別の教育支援計画の活用」が28件,「会話や電話など非公式の形」15件,「予定なし」1件, その他5件（「授業公開」や「個別指導計画」の活用等）であった (図3-12)。

3）小学部スクリーニングテスト

小学部設置校は98校で, その内85校 (86.7%) から回答があった。全回答数は1410名分（全国単一障害小学部在籍児童1754名の内80.4%）で, その内単一障害学級に在籍するものの, 明らかな重複障害児である者 (133名), 家庭での言語環境が外国語である者, それまで聴覚障害児教育を受けたことのない小学1・2年生, チェックリストに欠損データのあった者の計370名を割合を出す際の母数から除き, 1040名 (1754名中59.3%, 1410名中73.8%) を分析対象とした。

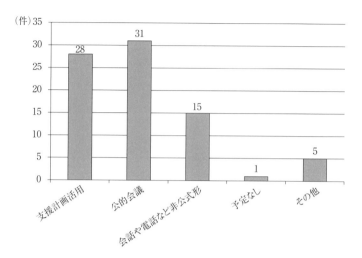

図3-12. 小学部への引き継ぎ予定

① プロフィール

（1）男女比

1040名の内，男児530名（51.0%），女児482名（46.3%），不明28名（2.7%）であった。

（2）学年

4年生206名（19.8%）が最も実施数が多かった（図3-13）。次いで5年生199名（19.1%），3年生184名（17.7%）が多く，最も少なかったのは1年生で114名（11.0%）であった。

（3）コミュニケーション手段

子ども同士や教師との会話などで最もよく使うコミュニケーション手段，及び次によく使うコミュニケーション手段について聞いた（図3-14）。どちらも「手話」が最も多く，次に「口話（読話含む）」が多くなった。なお，その他には「指文字のみ」や「絵」が挙げられていた。

（4）良耳の聴力レベル

実施児の良耳における平均聴力レベルを求めた（図3-15）。100～110dBの

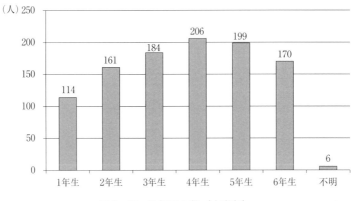

図3-13. 学年別人数（小学部）

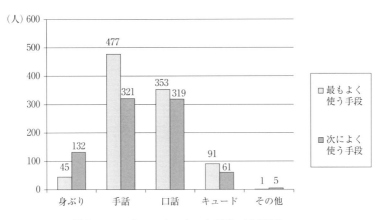

図3-14. コミュニケーション手段（小学部）

者が最も多く，271名（26.1％）で，90～110dBの者で47.2％とほぼ半数を占めた。また，人工内耳装用児は155名（14.9％）であった。

（5）家庭の言語環境

　家庭での言語環境について聞いたところ，その80.6％（838名）は「両親ともに聴者（日本語母語話者）」であった（図3-16）。次に多かったのは「両親又は一方が聴覚障害者（主に手話）」で15.8％（164名）であった。

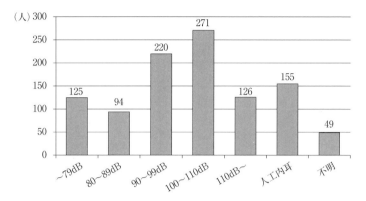

図3-15. 良耳の平均聴力レベル（小学部）

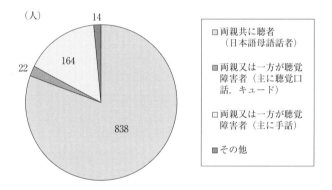

図3-16. 家庭の言語環境（小学部）

　なお，その他の内容としては，きょうだいや親戚が聴覚障害である，聴覚障害児施設から通っている等が挙げられていた。

② 「学習面」での著しい困難

　学習面で著しい困難を示す児童は1040名中，326名（31.3%）であった。6領域それぞれで特に困難があるとしてカウントされた人数は，「聞く」領域で126名（12.1%），「話す」領域で119名（11.4%），「読む」領域で146名（14.0%），「書く」領域で107名（10.3%），「計算する」領域で173名（16.6%），「推論す

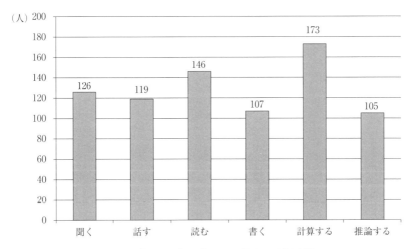

図 3-17.「学習面」で著しい困難を示す児童数

る」領域で 105 名（10.1%）であった（図 3-17）。聴覚障害ゆえの二次障害として生じやすいことが予想される「聞く」「話す」「読む」「書く」よりも「計算する」で困難を示すとする回答が多かった。

③ 「不注意」,「多動性-衝動性」での著しい困難

「不注意」,「多動性-衝動性」のいずれかに著しい困難を示す児童は 96 名であり，単一障害学級在籍児童の 9.2% であった（図 3-18）。また，それぞれの領域で特に困難があるとしてカウントされた人数は「不注意」領域のみで著しい困難を示すとされた者が 57 名（5.5%），「多動性-衝動性」領域のみでは 13 名（1.3%），両領域で著しい困難を示すとされた者は 26 名（2.5%）であった。「多動性-衝動性」よりも「不注意」の項目で特に困難を示す児童が多かった。

④ 「対人関係やこだわり等」での著しい困難

「対人関係やこだわり等」に著しい困難を示す児童は 43 名で，単一障害学級在籍児童の 4.1% であった。

以上より，行動面での困難を示す「不注意」,「多動性-衝動性」,「対人関係

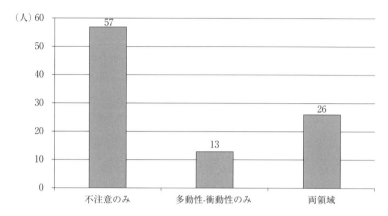

図3-18.「不注意」「多動性-衝動性」で著しい困難を示す児童数

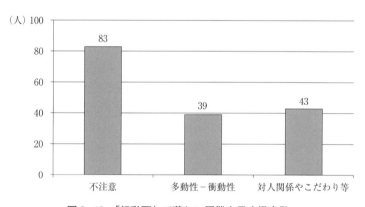

図3-19.「行動面」で著しい困難を示す児童数

やこだわり等」を比較すると図3-19のようになった。なお,「不注意」,「多動性-衝動性」の人数は両領域に当てはまる者も含めて算出したものである。小学部段階では「不注意」に困難を示す児童が83名(8.0%)と最も多かった。次いで「対人関係やこだわり等」の該当児が43名(4.1%),「多動性-衝動性」の該当児が39名(3.8%)であった。

また,以上より「学習面」,「行動面」を併せて何らかの領域で著しい困難

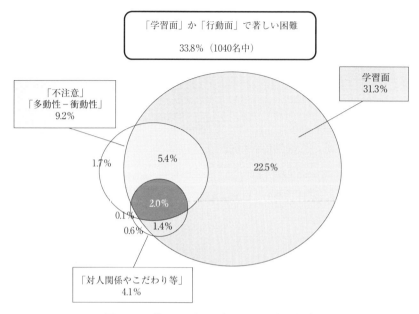

図3-20. 著しい困難の重なり具合（小学部）

ありと判断されたのは351名で、全体の33.8%であった。その内、学習面及び行動面の「不注意」「多動性-衝動性」、「対人関係やこだわり等」の全領域で著しい困難ありだったものは21名（1040名中2.0%）、学習面と「不注意」「多動性-衝動性」の2領域で著しい困難ありだったものは56名（5.4%）、学習面と「対人関係やこだわり等」で著しい困難ありだったものは15名（1.4%）、「不注意」「多動性-衝動性」及び「対人関係やこだわり等」で著しい困難ありだったものは1名（0.1%）、学習面のみで著しい困難ありだったものが最も多く234名（22.5%）、「不注意」「多動性-衝動性」のみで著しい困難ありだったものは18名（1.7%）、「対人関係やこだわり等」のみで著しい困難ありだったものは6名（0.6%）であった（図3-20）。

⑤ 発達障害の有無の印象

　チェックリストを実施した後、対象児童に発達障害があるように感じるか

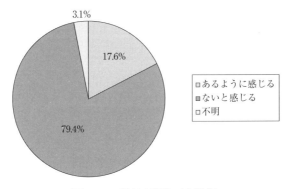

図3-21. 担任の印象（小学部）

どうかを質問した。結果、「あるように感じる」としたものが183名(17.6%)、「ないと感じる」としたものが826名(79.4%)、未記入（「判断できない」）であったのが32名(3.1%)であった（図3-21）。

4）中学部スクリーニングテスト

中学部設置校は89校で、その内70校(78.7%)から回答があった。全回答数は873名分（全国単一障害中学部在籍生徒1092名の内79.9%）で、その内単一障害学級に在籍するものの、明らかな重複障害児である者（46名）、家庭での言語環境が外国語である者、チェックリストに欠損データのあった者の計183名を割合を出す際の母数から除き、690名（1092名中63.2%、873名中79.0%）を分析対象とした。

① プロフィール

（1）男女比

690名の内、男児357名(51.7%)、女児317名(45.9%)、不明16名(2.3%)であった。

（2）学年

1年生230名(33.3%)、2年生229名(33.2%)、3年生228名(33.0%)でどの学年もほぼ同数であった（図3-22）。

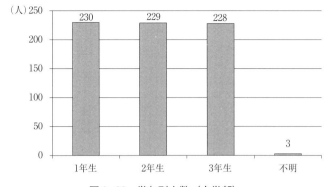

図3-22. 学年別人数（中学部）

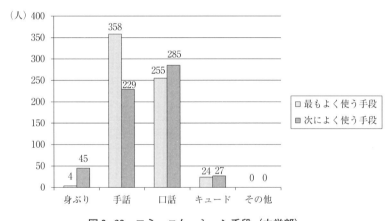

図3-23. コミュニケーション手段（中学部）

（3）コミュニケーション手段

　生徒同士や教師との会話などで最もよく使うコミュニケーション手段，及び次によく使うコミュニケーション手段について聞いた（図3-23）。最もよく使う手段では「手話」が最も多くなり，次いで「口話（読話含む）」であり，これは小学部と同様の傾向であった。次によく使う手段では「口話（読話含む）」が最も多く，次いで「手話」であった。

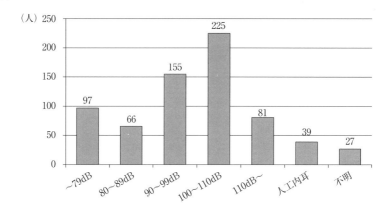

図3-24. 良耳の平均聴力レベル（中学部）

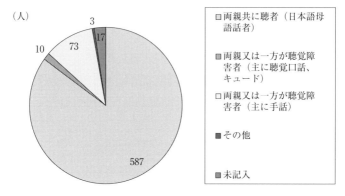

図3-25. 家庭の言語環境（中学部）

（4）良耳の聴力レベル

　実施生徒の良耳における平均聴力レベルを求めた（図3-24）。100～110dBの者が最も多く，32.6％（225名）で，90～110dBの者と合わせると半数以上を占めた。また，人工内耳装用児は5.7％（39名）で，小学部（14.9％）に比して少なかった。

（5）家庭の言語環境

　家庭での言語環境について聞いたところ，85.1％（587名）が「両親ともに

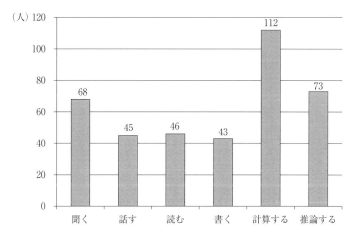

図3-26.「学習面」で著しい困難を示す生徒数

聴者(日本語母語話者)」であった(図3-25)。次に多かったのは「両親又は一方が聴覚障害者(主に手話)」で10.6%(73名)で小学部と同様の傾向だった。

なお,その他の内容としては,きょうだいや親戚が聴覚障害である,聴覚障害児施設から通っている等が挙げられていた。

② 「学習面」での著しい困難

学習面で著しい困難を示す生徒は690名中,192名であり,単一障害学級在籍生徒の27.8%であった。また,6領域ごとに特に困難があるとしてカウントされた人数は,「聞く」領域で68名(9.9%),「話す」領域で45名(6.5%),「読む」領域で46名(6.7%),「書く」領域で43名(6.2%),「計算する」領域で112名(16.2%),「推論する」領域で73名(10.6%)であった(図3-26)。小学部と同様,「計算する」で困難を示すとする回答が最も多かった。次に多かったのは「推論する」に困難を示すものであり,小学部とは異なる傾向であった。

③ 「不注意」,「多動性-衝動性」での著しい困難

「不注意」,「多動性-衝動性」に著しい困難を示す生徒は60名(8.7%)であっ

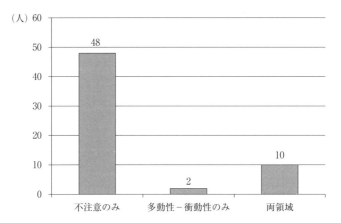

図3-27.「不注意」「多動性-衝動性」で著しい困難を示す生徒

た。また，それぞれの領域で特に困難があるとしてカウントされた人数は「不注意」領域のみで著しい困難を示すとされた者は48名（7.0%），「多動性-衝動性」領域のみでは2名（0.3%），両領域で著しい困難を示すとされた者は10名（1.4%）であった（図3-27）。小学部と同様，「多動性-衝動性」よりも「不注意」の項目で特に困難を示す生徒が多かったが，一方でどの領域においても該当人数は減少していた。

④ 「対人関係」や「こだわり等」での著しい困難

「対人関係やこだわり等」に著しい困難を示す生徒は36名であり，単一障害学級在籍児生徒の5.2%であった。

以上より，行動面での困難を示す「不注意」，「多動性-衝動性」，「対人関係やこだわり等」を比較すると図3-28のようになった。なお，「不注意」（58名，8.4%），「多動性-衝動性」（12名，1.7%）の人数は両領域に当てはまる者も含めて算出したものである。中学部段階になると「多動性-衝動性」の困難は落ち着く傾向にある（小学部3.8%）が，一方で「対人関係やこだわり等」（36名，5.2%）に困難を示す生徒は増加傾向（小学部4.1%）にあった。

また，以上より「学習面」，「行動面」を併せて何らかの領域で著しい困難

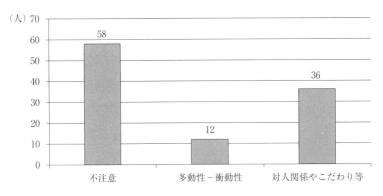

図3-28.「行動面」での著しい困難を示す生徒の特徴

ありと判断されたのは227名で，全体の32.9%であった。その内，学習面及び行動面の「不注意」「多動性-衝動性」，「対人関係やこだわり等」の全領域で著しい困難ありだったものは8名（690名中1.2%），学習面と「不注意」「多動性-衝動性」の2領域で著しい困難ありだったものは30名（4.3%），学習面と「対人関係やこだわり等」で著しい困難ありだったものは10名（1.4%），「不注意」「多動性-衝動性」及び「対人関係やこだわり等」で著しい困難ありだったものは5名（0.7%），学習面のみで著しい困難ありだったものが最も多く144名（20.9%），「不注意」「多動性-衝動性」のみで著しい困難ありだったものは17名（2.5%），「対人関係やこだわり等」のみで著しい困難ありだったものは13名（1.9%）であった（図3-29）。

⑤ 発達障害の有無の印象

チェックリストを実施した後，対象生徒に発達障害があるように感じるかどうかを質問した。結果，「あるように感じる」としたものが104名（15.1%）であり，小学部より若干減少したものの同程度であった。また，「ないと感じる」としたものが566名（82.0%），未記入（「判断できない」）であったのが20名（2.9%）であった（図3-30）。

以上，小学部及び中学部での著しい困難のあった者の割合を整理すると図

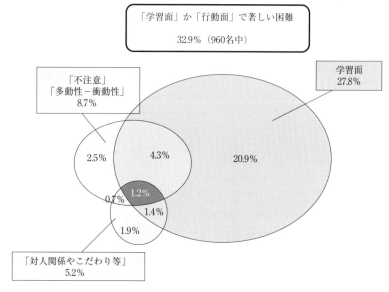

図3-29. 著しい困難の重なり具合（中学部）

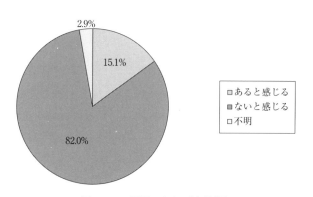

図3-30. 担任の印象（中学部）

3-31のようになった。

「学習面」の合計は小学部と比較して中学部で3.5ポイント減少（p=0.12）し，各項目では特に「読む」(7.3ポイント減少)，「話す」(4.9ポイント減少)，「書

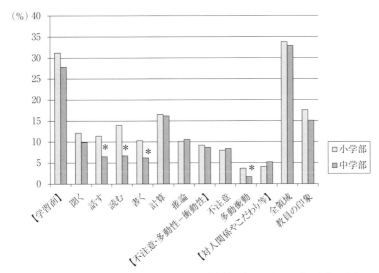

※カイ二乗検定の結果，小学部と中学部の間に有意差のあったものに「＊」をつけた。

図3-31．小学部と中学部の比較

く」(4.1ポイント減少)での減少が著しかった。これらはカイ二乗検定の結果，「読む」でp=0.00，「話す」でp=0.00，「書く」でp=0.00となり，有意な差（p＜.01）であった。一方，「推論する」だけが0.5ポイント増加した。なお，小学部中学部共に「計算する」が最も高率であった。

「不注意」「多動性-衝動性」の合計では若干中学部で減少したもののほとんど差が見られなかった（p=0.70）。しかしその内訳をみると，「不注意」では若干中学部の方が高率であるが，「多動性-衝動性」では中学部の方が有意に少なかった（-2.1ポイント，p=0.02）。また，「対人関係やこだわり等」では，中学部の方が1.1ポイント増加（p=0.29）した。

全領域の合計では中学部で0.9ポイント減少したが，割合としてはほとんど変化が見られなかった（p=0.71）。教員の印象は，小学部の方が2.5ポイント多く（p=0.17），また全領域の合計と比較してみると小学部中学部共に印象の方が低率でそれぞれ16％以上の相違が見られた。

また，チェックリストの対象からは除外した，明らかな重複障害児を足すと，聴覚障害に何らかの困難を併せ有する者は小学部で41.3%，中学部で37.1%となった。

2-1-1-3-2．聴力との関係

良耳平均聴力と著しい困難との関係をみるために，クロス集計を行い，Pearsonのカイ二乗検定を行った。

1）小学部

全領域を合わせて，何らかの領域で著しい困難ありとされた者と困難なしとされた者の各聴力群の比率を図3-32に示す。カイ二乗検定の結果，$p=0.63$（＞.05）で有意差は見られなかった。

詳細を見るために，学習面で著しい困難ありとされた者と困難なしとされた者の各聴力群の比率をみた（図3-33）。カイ二乗検定の結果，$p=0.54$（＞.05）で有意差は見られなかった。

行動面の「不注意」「多動性-衝動性」で著しい困難ありとされた者と困難なしとされた者の各聴力群の比率を図3-34に示す。カイ二乗検定の結果，

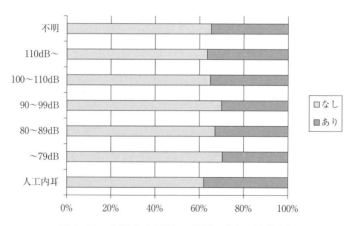

図3-32．全領域での著しい困難の有無（小学部）

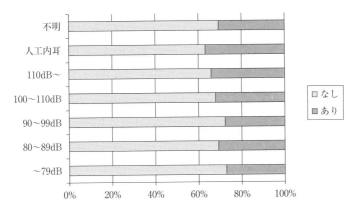

図3-33.「学習面」での著しい困難の有無（小学部）

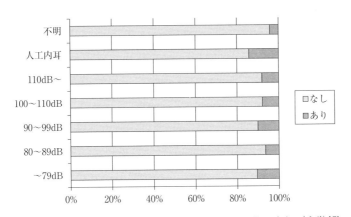

図3-34.「不注意」「多動性-衝動性」での著しい困難の有無（小学部）

$p=0.21$（>.05）で有意差は見られなかった。

　次いで，行動面の「対人関係やこだわり等」で著しい困難ありとされた者と困難なしとされた者の各聴力群の比率を図3-35に示す。カイ二乗検定の結果，$p=0.99$（>.05）で有意差は見られなかった。

　以上より，小学部においては著しい困難と聴力に有意な関連は見られず，それぞれ別の要因であることが示された。

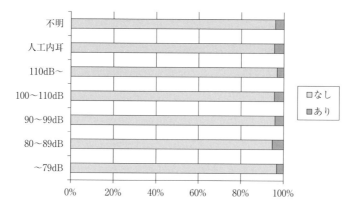

図3-35.「対人関係やこだわり等」での著しい困難の有無（小学部）

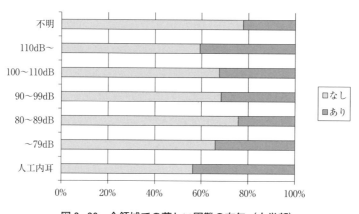

図3-36. 全領域での著しい困難の有無（中学部）

2）中学部

　全領域を合わせて，何らかの領域で著しい困難ありとされた者と困難なしとされた者の各聴力群の比率を図3-36に示す。カイ二乗検定の結果，p＝0.23（＞.05）で有意差は見られなかった。

　詳細を検討するために，学習面で著しい困難ありとされた者と困難なしとされた者の各聴力群の比率を図3-37に示す。カイ二乗検定の結果，p＝0.07

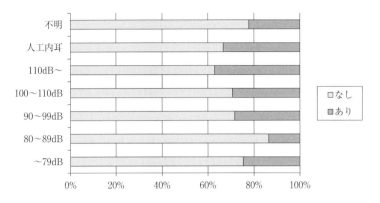

図3-37.「学習面」での著しい困難の有無（中学部）

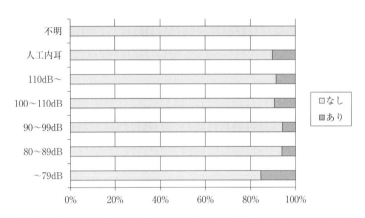

図3-38.「不注意」「多動性-衝動性」での著しい困難の有無（中学部）

(>.05)で有意差は見られなかった。

　行動面の「不注意」，「多動性-衝動性」で著しい困難ありとされた者と困難なしとされた者の各聴力群の比率を図3-38に示す。カイ二乗検定の結果，p=0.10（>.05）で有意差は見られなかった。

　次いで，行動面の「対人関係やこだわり等」で著しい困難ありとされた者と困難なしとされた者の各聴力群の比率を図3-39に示す。カイ二乗検定の

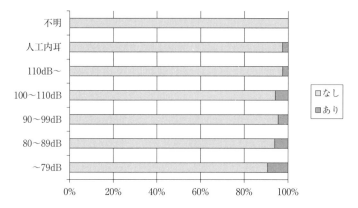

図3-39.「対人関係やこだわり等」での著しい困難の有無（中学部）

結果，p＝0.33（＞.05）で有意差は見られなかった。

以上より，中学部においても著しい困難と聴力に有意な関連は見られず，それぞれ別の要因であることが示された。

2-1-1-4．考察

2-1-1-4-1．発達障害のある聴覚障害児の割合について

本研究では「学習面」もしくは「行動面」で何らかの著しい困難を示すとしたものは小学部で33.8%，中学部で32.9%，幼稚部では（教員の印象で）16.0%であった。ASHA（American Speech-Language-Hearing Association）(1984) の報告では51962名を母数とし，聴覚障害以外の何らかの困難（知的障害など発達障害以外の明らかな重複障害を含む）を併せ有する者は30.6%，その内特別な学習障害のある聴覚障害児の割合は7.5%，情緒・行動上の問題のある聴覚障害児の割合は6.1%としている。また，GRI（Gallaudet University's Research Institute）が1999年から毎年行っている全米の聴覚障害児（3歳以下〜高校生段階）実態調査では，年度によって多少変動はありつつも，例えば最

新の 2007～2008 年の調査では 31784 名を母数とし，特別な学習障害のある者が 8.3%，注意欠陥障害（ADD/ADHD）のある者が 5.6%，自閉症のある者が 1.6% としている。本研究と ASHA の報告を比較すると，いずれも本研究のほうが高い割合であった。第 1 章でも述べたように，本研究では教員への質問紙調査による検出であったのに対し，ASHA や GRI の報告では調査対象の幅が就学前から高等学校までと広く，さらに該当者を「聴覚障害以外の障害が認められ，それに関連する教育的，援助サービスを受けていると認められたもの」に限っているという検出方法の違いによる影響があったと考える。

　小学部を対象に PRS を用いた調査（研究 1）では，言語性困難サスペクトが 12.4%，非言語性サスペクトが 12.3% であった。前者が本研究でいう学習面（小学部; 31.3%），後者が行動面（小学部; 11.3%）に当たるとすると行動面では近い値となったが，学習面では違いが大きかった。PRS でいう学習面は主に言語やその運用に焦点を当てた課題が中心であり，本研究で最も困難を示す人数が多かった「算数」に関する課題は入っていないことなど，その質問項目の違いの影響が大きいと推察した。前述したように，検出の対象や方法によってその割合には差が出やすい。どのような項目であれば発達障害のある聴覚障害児を十分に抽出できるのかを検討するためにも，今後その困難の特徴を整理していくことが重要な課題であると考える。この点については次項の類型化研究を通して検討することとする。また，教員の印象という観点では研究 1 では 21.2%，本研究では 17.6%（小学部）であり，研究 1 の方が高率だった。本研究の方が回収率が 86.7% と高かったことにより，研究 1 では「対象児がいない」などとして不実施だった部分についても取り込むことができたからであると考える。また，本研究において担任の印象とチェックリストの結果には大きく差が開いた。聴児と同様の評価項目及び評価基準を活用することの限界を示しているかもしれない。これについては第 3 章で検討したい。

また，聴覚障害とLDを併せ有する者についての他の調査では，Craig and Craig (1987) によると5～7%，Ann Powers, Raymond, and Funderburg (1987) の調査では6.7%，Bunch and Melnyk (1989) では2.5%とばらつきはあるものの，本研究（小学部：31.3%，中学部：27.8%）はどの研究よりも著しく高率となった。書きことばを用いた学習は音声入力に制限のある聴覚障害児にとって重要かつ困難さのある課題となる。このような聞こえにくさからくる二次的困難と，聴覚障害とは異なる機序から起こる困難との区別は難しく，前者をも「発達障害」としてカウントしてしまっている可能性がある。また本研究で使用したチェックリストは元々聴児を対象としているため，質問項目においてもLDのある聴覚障害児の特徴を適切に捉えることができなかったのかもしれない。この点についても第3章で検討することとする。次に，ADHDを併せ有する者に関する先行研究には22.7% (Kelly, D. P., Kelly, B. J., Jones, M. L., Moulton, N. J., Verhulst, S. J., and Bell, S. A., 1993) というものもあるが，一方でこれは調査対象に偏りがあり，高率になっている。なおかつGRIの調査では確証のあるケースのみが挙げられているために実際よりも少なく見積もられているだろうとの指摘もある (Samar, 1998)。本研究の値（小学部：9.2%，中学部：8.7%）はGRIの調査よりは高率であり，Kellyらよりは低率であった。行動に関する困難は聴覚障害児であっても学習面より比較的発見されやすいと予想されることからも，日常的に児童生徒と関わっている教員の評価は信頼のあるものかもしれない。一方で後述するように聴児と比較するとやはり高率であることから，聴覚障害児がADHDを併せ有した時にどのような困難が起こりやすいのか，聴児におけるADHDと相違があるのかは要検討である。このことについては次項で行う類型化研究の中で考察したい。自閉症スペクトラムを併せ有する者については1.0%～1.6% (GRI, 2005b, 2006a, 2006b, 2007) と前述の2領域よりも少ないとされている。本研究では先行研究と同様，学習面や「不注意」「多動性-衝動性」よりはかなり少ないものの，小学部で4.1%，中学部で5.2%であった。抽出基準の違いによ

る差もある一方で，言語力や多様な集団と関わる経験の乏しさの影響などが出やすいようなチェックリスト項目もあり，聞こえにくさに起因するものやその程度を整理していく必要も示唆された。同時に，発達障害のある聴覚障害児がどのような困難を示すのかをより具体的に整理していくことも必要であると考える。

　発達障害の割合に関して聴児に行われた研究としては，日本版 PRS 作成時の標準化研究（森永ら，1992b）と 2002 年に行われた文部科学省の調査などがある。標準化研究では小学生の約 8 ％が総合サスペクトであるとした。文部科学省の行った調査では通常学級に在籍する児童の 6.3％が特別な教育的支援を必要としているとし，その内訳として学習面で著しい困難を示すものが 4.5％，「不注意」「多動性-衝動性」で著しい困難を示すものが 2.5％，「対人関係やこだわり等」に著しい困難を示すものが 0.8％であると報告した。聴覚障害児を対象とした本研究，さらに ASHA や GRI の報告等は，聴児を対象としたいずれの報告よりも高い割合となり，割合に関しては研究によって違いが見られるが，聴覚障害児において聴児よりも発達障害のあるものが多くなることは共通したところであった。以上の結果が示すように，LD のある聴覚障害児は聴児よりも多いと言われており（Funderburg, 1982; ），ADD（Attention Deficit Disorder）は，健聴の子どもよりもろうの親から生まれた聴覚障害児の方が（Samar, 1998），またそれよりも聞こえに障害のない親から生まれた聴覚障害児の方が発生率が高いとされている（Harris, 1978）。その点については本研究も同様の傾向であった。疫学調査によると先天性難聴の原因 60～70％は遺伝子が関与しており，遺伝性難聴の内，約 30％は症候群性難聴であり，難聴のほかに様々な奇形や疾患を伴うと報告されている（宇佐美，2012）。発達障害の原因もいまだ特定されていないのが現状であるが，聴覚障害を引き起こした原因による随伴症状の 1 つとして発達障害様の著しい困難を高めたことも可能性の 1 つとして考えられる。いずれにせよ，聴覚障害児において発達障害が高率で併発する原因については，医学的研究も含め今後

の研究の進歩が不可欠であると考える。本研究で使用した質問紙（文部科学省,2002）は聴児を対象として評価基準を設定しており，聴児と同様の項目や基準で評価することの限界を示唆している可能性もあると考える。また，現在聴覚障害児に特化した発達障害に関するスクリーニングテストはないことから，後の第3章で本調査結果をさらに統計的手法により分析することで聴覚障害児を妥当に評価できる基準ラインを提案していきたいと考えている。

次に，著しい困難を示すとされた者の割合を小学部と中学部で比較する。「学習面」で著しい困難を示す者は中学部になると減少し，特に「読む」「話す」「書く」の言語に関するものの減少が大きかった。具体的な項目をみると，「初めて出てきた語や，普段あまり使わない語などを読み間違える」，「内容を分かりやすく伝えることが難しい」，「漢字の細かい部分を書き間違える」など，学習が始まったころはなかなかできなかったことが，中学部段階の年齢まで学習を積み重ねることでその困難が軽減されたことが予想される。つまり，逆に言うと小学部段階で「著しい困難」を示していても適切な学習を積み重ねることで問題化しなくなるような，聴覚障害の二次的困難によるものも含まれていたことが示唆される。また，小学部，中学部共に「計算する」に困難を示すものが最も多くなったことは，今までの聴覚障害児教育の中で言語に比して計算は取り上げられることが少なかったことと相反する結果であった。文章題等，言語力の影響が考えられる項目もあったが，「答えを得るのにいくつかの手続きをする計算が難しい」など，情報量の多いものを一度に頭の中で作業することの苦手さが予想される。「行動面」では小学部，中学部ともに「不注意」のある者が最も多く，次いで「対人関係やこだわり等」だった。しかし中学部では，「多動性-衝動性」が減少し，「対人関係やこだわり等」が多くなっていた。聴児では多動性は徐々に落ち着く（宮本,2000）と言われており，聴覚障害児においても同様の傾向であった。また，中学部になって友人関係や社会的ルールが複雑になることによってその困難さが顕在化してきたと推察する。

2-1-1-4-2．学校としての取り組みについて

　本研究では発達障害のある聴覚障害児に対する何らかの取り組みを「している」もしくは「重要な課題として認識している」聾学校を合わせると74.4%になった。実際に日々児童・生徒と接する教育現場ではその必要性が認識されつつある様子が伺われた。一方で実際の取組内容としては研修や医療との連携が大部分を占め，柔軟な人員配置など児童・生徒への直接的アプローチが行われているところはまだごく一部であった。必要性は感じながらも研究や人員の不足などの影響もあってか，実際の支援にまでは十分至っていない様子が示唆された。全体的な知能には遅れのない児童・生徒達であることからも，早期から適切な支援を行うことにより，彼らの持てる能力を十分に発揮させていくことは教育上の大きな目的であると考える。今後発達障害のある聴覚障害児に関して，その実態や困難の様相，有効な支援方法などが多方面から研究が進められることが求められる。

　また，幼稚部段階でも担任が「気になる行動が目立つ」と印象を持つ場合が16.0%あった。聴覚障害児教育は他の特別支援教育と比較すると早期発見と早期療育が進んでおり，就学前から教育との関わりが持ちやすい。小学部に進学して学習が始まったときに課題が顕在し，重篤化しないように可能な限り早期からの適切な支援が求められる。具体的にどのような困難に対してどのような支援を行うことが効果的かを明らかにすることは今後の課題であったが，小学部への引き継ぎについては支援会議や個別の支援計画等を用いて行われていることが多く，公的な記録を残しながらお互いに情報交換しておくこと，担任のみではなく，学校全体として対象児をサポートしていくことが重要であると考える。

2-1-1-4-3．著しい困難と聴力の関係について

　著しい困難と聴力との関係を見たところ，小学部中学部共にどの聴力範囲

においても関係は見られなかった。聴覚障害の二次的困難から起こるものと，それとは別の要因から起こる困難さとは一定以上には区別されていることが示唆された。一方で有意差はなかったものの，「学習面」では $p=0.12$ （＞.05）と比較的有意確率が低く，聞こえにくさにより引き起こされる言語の遅れによる影響，二次的困難との区別のつきにくさが多少あるようだった。「不注意」「多動性-衝動性」や「対人関係やこだわり等」においても今まで述べてきたように二次的困難との区別のつきにくさはあるものの，聴力の程度との関係というよりは「聞こえにくいこと」との関係を整理し，その困難さの特徴を明らかにしていくことが課題であると考える。

聴力損失の軽重で著しい困難のある児童生徒の比率に有意な差はなかったが，具体的な困難の様相やそれに対する支援方法に関しては違いが出てくる可能性を否定できない。この点については今後の課題であると考える。また，具体の事例と支援方法については第4章で検討する。

2-1-2．発達障害のある聴覚障害児の類型化

2-1-2-1．目的

研究2-1-1で行った文部科学省調査（2002）を活用した研究の結果，聞こえにくさから起こる二次的困難との区別のつきにくさが課題となった。発達障害のある聴覚障害児の示す著しい困難とは具体的にどのようなものなのか明らかにしていくことは，一人ひとりの状態に合わせた支援を考えるにあたり早急かつ重要な問題であると考える。そこで本研究では，研究2-1-1の結果を基に聾学校に在籍する聴覚障害児を多変量解析を用いて困難の特徴ごとに類型化し，その結果から発達障害のある聴覚障害児の困難の特徴について考察することを目的とした。また，その結果から聴覚障害以外に特に著しい困難のない，聴覚障害における標準群についても抽出を試みることとした。

2-1-2-2. 方法

2-1-2-2-1. 対象

研究2-1-1で分析対象とした，全国聾学校小学部及び中学部の単一障害学級在籍児の内，明らかな重複障害がない，チェックリストに欠損データがないなどの条件を満たした者，すなわち小学部1040名，中学部690名とした。

2-1-2-2-2. 手続き

困難の特徴によって児童生徒を類型化することを目的としたため，まずは質問項目の共通因子を抽出しまとめるために全項目を基に因子分析（主因子法，バリマックス回転）を行った。次に各対象児がそれらの因子に対してどのような影響を受けているかを示すために，すなわち児童生徒を特徴の傾向ごとに類型化するために，因子得点を回帰法により算出し，クラスタ分析（ward法）を行った。

2-1-2-3. 結果

1）小学部

① 因子分析

質問項目を整理するために小学部1040名分の全項目を変数に因子分析を行ったところ，5因子が抽出された（累積寄与率53.5%）（表3-2）。各因子における因子負荷量をみると，因子1では「話す」，「聞く」，「読む」領域の全ての項目と「書く」，「推論する」領域の一部や，「計算する」領域の「学年相応の文章題を解くのが難しい」などが強く関連していることから「言語」に関する因子とした。因子2は「対人関係やこだわり等」領域のほとんどの項目が強く関連していたことから「対人関係・こだわり」に関する因子とした。因子3は「多動性-衝動性」領域の全項目と，「不注意」領域の一部の項目が

表3-2. PRS聴障版因子分析結果

質問項目	因子1	因子2	因子3	因子4	因子5
話す：内容をわかりやすく伝えることが難しい	0.81	0.18	0.13	0.17	0.11
話す：単語を羅列したり，短い文で内容の乏しい話をする	0.80	0.15	0.08	0.15	0.07
聞く：話し合いが難しい	0.77	0.28	0.09	0.17	0.03
聞く：指示の理解が難しい	0.76	0.29	0.10	0.16	0.11
聞く：聞きもらしや取りこぼしがある	0.75	0.16	0.11	0.08	0.17
読む：文章の要点を正しく読み取ることが難しい	0.75	0.10	0.10	0.29	0.07
聞く：個別に言われるとわかるが集団場面では難しい	0.74	0.28	0.12	0.08	0.14
聞く：似た言葉への取り違いがある	0.73	0.10	0.11	0.09	0.17
話す：思いつくままに話すなど，筋道の通った話をするのが難しい	0.72	0.24	0.17	0.18	0.14
話す：ことばにつまったりする	0.72	0.14	0.08	0.15	0.12
読む：初めて出てきた語や，あまり使わない語などを読み間違える	0.72	0.03	0.11	0.25	0.17
書く：限られた量の作文や，決まったパターンの文章しか書けない	0.67	0.12	0.13	0.25	0.12
読む：勝手読みがある	0.64	-0.02	0.14	0.20	0.27
推論する：事物の因果関係を理解するのが難しい	0.63	0.28	0.08	0.43	0.08
読む：音読が遅い	0.60	0.09	0.02	0.18	0.17
話す：適切な速さで話すことが難しい	0.60	0.23	0.16	0.08	0.10
読む：文中の語句や行を抜かしたり，または繰り返し読んだりする	0.59	0.07	0.14	0.23	0.30
書く：句読点が抜けたり，正しく打つことができない	0.55	0.07	0.13	0.28	0.37
推論する：目的に沿って行動を計画し，必要に応じてそれを修正することが難しい	0.50	0.43	0.18	0.30	0.22
推論する：早合点や，飛躍した考えをする	0.45	0.27	0.32	0.20	0.33
対人：大人びている。ませている	-0.21	0.09	0.02	0.04	0.11
対人：友達のそばにはいるが一人遊びをしている	0.10	0.64	-0.01	0.04	0.13
対人：共感性が乏しい	0.17	0.64	0.22	0.08	0.01
対人：友達と仲良くしたいという気持ちはあるけれど，友達関係をうまく築けない	0.13	0.64	0.24	0.09	0.10
対人：いろいろな事を話すが，その時の場面や相手の感情や立場を理解しない	0.20	0.62	0.31	0.08	-0.01
対人：球技やゲームをする時，仲間と協力することに考えが及ばない	0.17	0.60	0.26	0.16	0.09
対人：独特な表情をしていることがある	0.06	0.59	0.11	0.03	0.08
対人：ある行動や考えに強くこだわることによって，簡単な日常の生活ができなくなることがある	0.02	0.59	0.25	0.10	0.07
対人：仲の良い友達がいない	0.10	0.56	0.09	0.11	0.10
対人：会話の仕方が形式的であり，適切な間合いが取れなかったりする	0.34	0.56	0.10	0.10	-0.09
対人：動作やジェスチャーが不器用で，ぎこちないことがある	0.19	0.55	0.10	0.12	0.13
対人：常識が乏しい	0.35	0.54	0.23	0.12	0.14
対人：自分なりの独特な日課や手順があり，変更や変化を嫌がる	0.05	0.53	0.19	0.05	0.00

項目					
対人：周りの人が困惑するようなことも配慮しないで言ってしまう	0.10	**0.53**	0.36	0.11	0.05
対人：特定の物に執着がある	0.06	**0.50**	0.16	0.06	0.01
対人：独特な目つきをすることがある	0.00	**0.50**	0.24	0.05	0.09
対人：他の子どもたちからいじめられることがある	0.08	**0.48**	0.05	0.07	0.09
対人：含みのある言葉や厭味を言われても分からず，言葉通りに受け止めてしまうことがある	0.38	**0.46**	0.11	0.10	-0.04
対人：独特の姿勢をしていることがある	0.03	**0.44**	0.23	0.02	0.13
対人：とても得意なことがある一方で，極端に不得手なものがある	0.12	**0.43**	0.12	0.05	0.2
対人：意図的でなく，顔や体を動かすことがある	0.08	**0.42**	0.28	0.01	0.16
不注意：面と向かって話しかけられているのに聞いていないように見える	0.36	**0.42**	0.27	0.10	0.28
対人：他の子どもは興味を持たないようなことに興味があり，「自分だけの知識世界」を持っている	-0.08	**0.42**	-0.01	-0.15	0.10
対人：特定の分野の知識を蓄えているが，丸暗記であり，意味をきちんとは理解していない	0.15	**0.41**	-0.01	0.04	0.03
対人：独特なトーンで話すことがある	0.17	**0.39**	0.19	0.01	0.13
対人：誰かに何かを伝える目的がなくても，場面に関係なく不自然な声を出す	0.15	**0.39**	0.28	-0.01	0.14
対人：言葉を組み合わせて，自分だけにしか分からないような造語を作る	0.16	**0.35**	0.17	-0.01	0.07
対人：みんなから，「○○博士」「○○教授」と思われている	-0.10	0.26	-0.02	-0.13	0.00
衝動：じっとしていない。または何かに駆り立てられるように活動する	0.12	0.20	**0.81**	0.03	0.05
衝動：他の人がしていることをさえぎったり，邪魔したりする	0.07	0.28	**0.72**	0.09	0.12
衝動：順番を待つのが難しい	0.11	0.31	**0.70**	0.04	0.05
衝動：遊びや余暇活動に大人しく参加することが難しい	0.10	0.29	**0.69**	0.07	0.11
衝動：授業中や座っているべき時に席を離れてしまう	0.12	0.18	**0.69**	0.05	0.17
衝動：きちんとしていなければならない時に，過度に走り回ったりよじ登ったりする	0.10	0.17	**0.66**	0.04	0.05
衝動：質問が終わらないうちに出し抜けに答えてしまう	0.15	0.22	**0.65**	-0.02	0.19
衝動：過度にしゃべる	0.02	0.26	**0.60**	0.03	0.14
衝動：手足をそわそわ動かしたり，着席していても，もじもじしたりする	0.21	0.25	**0.57**	0.04	**0.38**
不注意：気が散りやすい	0.29	0.27	**0.53**	0.14	**0.48**
不注意：指示に従わず，また仕事を最後までやり遂げない	0.17	**0.39**	**0.50**	0.13	**0.41**
不注意：課題や遊びの活動で注意を集中し続けることが難しい	0.27	0.31	**0.46**	0.22	**0.44**
計算：簡単な計算が暗算でできない	0.24	0.07	0.09	**0.80**	0.18
計算：答えを得るのにいくつかの手続きを要する問題を解くのが難しい	**0.40**	0.10	0.08	**0.78**	0.12
計算：計算をするのにとても時間がかかる	0.23	0.09	0.02	**0.77**	0.20
推論：学年相応の量を比較することや，量を表す単位を理解することが難しい	**0.41**	0.07	0.07	**0.76**	0.13
計算：学年相応の数の意味や表し方についての理解が難しい	0.37	0.06	0.05	**0.75**	0.11
推論：学年相応の図形を描くことが難しい	0.32	0.18	0.08	**0.64**	0.21
計算：学年相応の文章題を解くのが難しい	**0.53**	0.02	0.07	**0.61**	0.12

不注意：学習課題や活動に必要なものをなくしてしまう	0.15	0.21	0.28	0.10	**0.61**
不注意：日々の活動で忘れっぽい	0.28	0.19	0.27	0.12	**0.57**
書く：漢字の細かい部分を書き間違える	0.34	0.08	0.08	0.35	**0.54**
不注意：学校での勉強で，細かいところまで注意を払わなかったり，不注意な間違いをしたりする	**0.37**	0.20	0.32	0.23	**0.53**
不注意：集中して努力を続けなければならない課題を避ける	0.22	0.24	**0.40**	0.19	**0.51**
書く：独特の筆順で書く	**0.36**	0.10	0.16	0.28	**0.50**
書く：読みにくい字を書く	0.34	0.14	0.21	0.18	**0.49**
不注意：学習課題や活動を順序立てて行うことが難しい	0.32	0.33	0.33	0.28	**0.43**

（主因子法，バリマックス回転）

強い関連を示したことから「多動・衝動性」に関する因子とした。因子4は「計算する」領域の全項目と，「推論する」領域の一部の項目が強い関連を示したことから「計算」に関する因子とした。因子5は「不注意」に関するほとんどの項目と「書く」領域の中の「漢字の細かい部分を書き間違える」，「独特の筆順で書く」，「読みにくい字を書く（字の形や大きさが整っていない。まっすぐに書けない）」などが強い関連を示しており，よって「不注意」に関する因子とした。

② クラスタ分析

次に，因子得点を変数としてクラスタ分析を行い，児童を類型化した。抽出されたデンドログラムより，6つのクラスタが見出された。第1クラスタに属する児童は67名（1040名中6.4%），第2クラスタは131名（12.6%），第3クラスタは401名（38.6%），第4クラスタは179名（17.2%），第5クラスタは228名（21.9%），第6クラスタは34名（3.3%）であった。図3-40は，それぞれのクラスタにおける各因子得点の平均値を示したものである。

抽出された各因子における上位変数の因子負荷量は全て正の値であり，またチェックリストでは困難度が高い方が点数が高くなることから，各因子得点の値が大きくなるほど，その因子に強く関連している各項目の素点は群内において相対的に高くなる。つまり因子得点が高い方が困難度が高くなると言える。この点を踏まえ，以下から各クラスタの特徴を述べていく。

第1クラスタは「対人関係・こだわり」の因子得点値が全クラスタ中最も

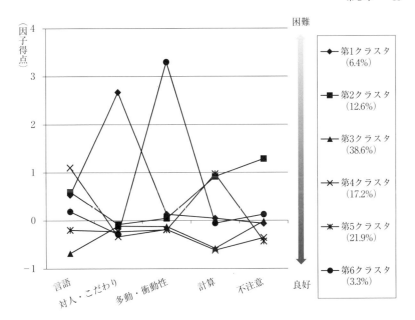

図 3-40. クラスタの因子得点平均値（小学部）

高く，著しい苦手さが見られた。その他の因子は平均程度であった。第2クラスタは「対人関係・こだわり」や「多動・衝動性」での困難度は平均程度だった一方で，「不注意」，「計算」，「言語」の値が高かった。特に「不注意」は6クラスタ中一番，「計算」は二番目に困難度が高かった。第3クラスタに属する児童は6クラスタ中最も多く（38.6%），またどの因子においても平均より良好な値を示しており，聾学校に在籍する児童の中では相対的に学習面や行動面には際立った困難は見られない群であったことから，聾学校に通う聴覚障害児の中で標準群であると言える。特に「言語」や「計算」については最も良好な値であった。第4クラスタは「言語」因子以外は平均より良好である一方，「言語」の値は全クラスタ中最も高く，著しい困難が見られた。第5クラスタは「計算」以外の因子においては平均より良好で特に困難は見られなかったものの，「計算」の値は全クラスタの中で最も高く困難がみられ

表3-3．クラスタの特徴（小学部）

クラスタ	割合（％）	困難の特徴	長所
第1クラスタ	6.4	友達関係をうまく作れない 共感性が乏しく，場を読めない こだわりがある 独特の表情がある	注意の問題は特にない 計算が得意 落ち着いている 衝動性はみられない
第2クラスタ	12.6	失くしものが多いなど忘れっぽい 細部まで注意を払えない 暗算や複雑な計算が苦手 わかりやすく伝えることが難しい 集団場面でのやり取りが苦手	対人関係は良好 状況に合わせて行動できる こだわりは見られない 行動面は落ち着いている
第3クラスタ	38.6	特に困難なし 該当人数が最も多い	標準群
第4クラスタ	17.2	わかりやすく伝えることが苦手 集団場面でのやり取りや指示理解が難しい 文章から要点を読み取るのが苦手	計算は特に得意 対人関係は良好 行動面に特に課題はみられない
第5クラスタ	21.9	暗算ができない いくつかの手続きのいる計算が難しい 量の比較や単位の理解が難しい	言語面は良好 行動面に特に課題はみられない 対人関係は良好
第6クラスタ	3.3	じっとしていない 他人の邪魔や横入りしてしまう 大人しくできず，離席が多い 気が散りやすい 出し抜けに答えるなど過度に話す	対人関係は良好 計算に大きな課題はない 物事をよく覚えている 漢字など細かいものも得意 言語面も比較的良好

た。第6クラスタは「多動・衝動性」以外は平均程度である一方，「多動・衝動性」の値が全クラスタの中で最も高く，著しい困難が見られた。以上を表3-3にまとめた。

2）中学部
① 因子分析

　中学部690名を対象に因子分析を行ったところ，4因子が抽出された（累積寄与率48.3%）（表3-4）。因子内の負荷量の高い項目をみると，因子1は「聞く」，「話す」，「読む」，「書く」領域の全項目と，「推論する」領域の一部が強く関連していることから「言語」に関する因子であるといえた。因子2は「多動性-衝動性」，「不注意」領域の全項目が強く関連していることから「多動・不注意」に関する因子とした。小学部ではこの2つの領域はそれぞれ独立したものとして現れたが，中学部ではまとまった因子として抽出された。因子3は「対人関係やこだわり等」領域のほとんどの項目が強く関連していることから「対人関係・こだわり」に関する因子とした。因子4は「計算する」領域の全項目と，「推論する」領域の一部の項目が強い関連を示したことから「計算」に関する因子とした。

② クラスタ分析

　次に，各因子の因子得点を変数としてクラスタ分析を行ったところ，6つのクラスタが見出された。第1クラスタに属する生徒は375名（690名中54.3%），第2クラスタは78名（11.3%），第3クラスタは54名（7.8%），第4クラスタは64名（9.3%），第5クラスタは62名（9.0%），第6クラスタは57名（8.3%）であった。図3-41にそれぞれのクラスタにおける各因子得点の平均値を示した。

　中学部においても小学部での分析と同様，抽出された各因子における上位変数の因子負荷量は全て正の値であったこととチェックリストでは困難度が高い方が点数が高くなることから，各因子得点の値が大きくなるほど，相対的に困難度が高くなると言える。この点を踏まえ各クラスタの特徴を述べる。

　第1クラスタはどの因子得点も平均値以下，つまり対象生徒内で相対的に見ると特徴的な困難は見られず，更に該当生徒数も最も多かった。第2クラ

表3-4. 因子分析結果（中学部）

質問項目	因子1	因子2	因子3	因子4
聞く：話し合いが難しい	**0.80**	0.11	0.15	0.16
話す：内容をわかりやすく伝えることが難しい	**0.78**	0.13	0.18	0.20
話す：単語を羅列したり，短い文で内容の乏しい話をする	**0.77**	0.07	0.13	0.16
聞く：個別に言われるとわかるが集団場面では難しい	**0.76**	0.20	0.14	0.11
聞く：指示の理解が難しい	**0.76**	0.20	0.15	0.17
聞く：似た言葉への取り違いがある	**0.72**	0.12	0.05	0.12
聞く：聞きもらしや取りこぼしがある	**0.72**	0.20	0.12	0.11
話す：思いつくままに話すなど，筋道の通った話をするのが難しい	**0.71**	0.21	0.24	0.16
話す：ことばにつまったりする	**0.71**	0.05	0.19	0.10
読む：初めて出てきた語や，あまり使わない語などを読み間違える	**0.71**	0.13	0.07	0.33
読む：文章の要点を正しく読み取ることが難しい	**0.69**	0.11	0.08	**0.42**
読む：勝手読みがある	**0.67**	0.15	0.11	0.21
書く：限られた量の作文や，決まったパターンの文章しか書けない	**0.65**	0.19	0.12	0.26
書く：句読点が抜けたり，正しく打つことができない	**0.64**	0.22	0.04	0.26
読む：音読が遅い	**0.64**	0.03	0.18	0.19
話す：適切な速さで話すことが難しい	**0.62**	0.14	0.18	0.00
推論する：事物の因果関係を理解するのが難しい	**0.62**	0.13	0.18	**0.50**
読む：文中の語句や行を抜かしたり，または繰り返し読んだりする	**0.57**	0.22	0.15	0.18
書く：漢字の細かい部分を書き間違える	**0.55**	0.29	0.03	0.26
推論する：早合点や，飛躍した考えをする	**0.54**	0.32	0.30	0.25
推論する：目的に沿って行動を計画し，必要に応じてそれを修正することが難しい	**0.54**	0.30	0.28	0.37
書く：独特の筆順で書く	**0.49**	0.28	0.15	0.19
対人：含みのある言葉や嫌味を言われても分からず，言葉通りに受け止めてしまうことがある	**0.45**	0.13	0.33	0.14
書く：読みにくい字を書く	**0.44**	0.37	0.07	0.05
対人：会話の仕方が形式的であり，適切な間合いが取れなかったりする	**0.43**	0.07	**0.42**	0.03
対人：大人びている。ませている	-0.18	0.08	0.15	0.04
不注意：気が散りやすい	0.20	**0.75**	0.22	0.19
衝動：他の人がしていることをさえぎったり，邪魔したりする	0.12	**0.69**	0.27	0.03
不注意：指示に従えず，また仕事を最後までやり遂げない	0.18	**0.69**	0.29	0.11
衝動：じっとしていない。または何かに駆り立てられるように活動する	0.07	**0.69**	0.19	-0.02
衝動：順番を待つのが難しい	0.10	**0.68**	0.20	0.00
衝動：遊びや余暇活動に大人しく参加することが難しい	0.07	**0.68**	0.15	0.04
不注意：課題や遊びの活動で注意を集中し続けることが難しい	0.26	**0.68**	0.25	0.19
衝動：手足をそわそわ動かしたり，着席していても，もじもじしたりする	0.16	**0.66**	0.24	0.03
衝動：授業中や座っているべき時に席を離れてしまう	0.04	**0.66**	0.16	-0.03
衝動：質問が終わらないうちに出し抜けに答えてしまう	0.20	**0.64**	0.17	0.05
衝動：過度にしゃべる	0.10	**0.63**	0.24	0.07
不注意：集中して努力を続けなければならない課題を避ける	0.15	**0.63**	0.22	0.27
不注意：日々の活動で忘れっぽい	0.26	**0.60**	0.21	0.22
不注意：学習課題や活動に必要なものをなくしてしまう	0.18	**0.57**	0.19	0.16
衝動：きちんとしていなければならない時に，過度に走り回ったりよじ登ったりする	0.05	**0.56**	0.16	0.01

項目				
不注意：学習課題や活動を順序立てて行うことが難しい	0.40	0.54	0.21	0.32
不注意：学校での勉強で，細かいところまで注意を払わなかったり，不注意な間違いをしたりする	0.41	0.53	0.17	0.28
対人：周りの人が困惑するようなことも配慮しないで言ってしまう	0.18	0.46	0.41	0.08
不注意：面と向かって話しかけられているのに聞いていないように見える	0.30	0.44	0.35	0.04
対人：常識が乏しい	0.39	0.39	0.38	0.14
対人：ある行動や考えに強くこだわることによって，簡単な日常の生活ができなくなることがある	0.05	0.27	0.65	0.08
対人：特定の物に執着がある	0.07	0.14	0.61	0.01
対人：独特な表情をしていることがある	-0.01	0.16	0.61	0.05
対人：自分なりの独特な日課や手順があり，変更や変化を嫌がる	0.1	0.12	0.61	0.03
対人：友達のそばにはいるが一人遊びをしている	0.18	-0.02	0.61	0.05
対人：友達と仲良くしたいという気持ちはあるけれど，友達関係をうまく築けない	0.18	0.29	0.59	0.11
対人：他の子どもは興味を持たないようなことに興味があり，「自分だけの知識世界」を持っている	-0.03	0.17	0.58	0.00
対人：独特な目つきをすることがある	0.04	0.27	0.58	0.06
対人：共感性が乏しい	0.24	0.36	0.53	0.03
対人：仲の良い友達がいない	0.10	0.15	0.52	0.05
対人：独特の姿勢をしていることがある	0.05	0.08	0.52	-0.01
対人：いろいろな事を話すが，その時の場面や相手の感情や立場を理解しない	0.34	0.35	0.51	0.04
対人：とても得意なことがある一方で，極端に不得手なものがある	0.12	0.21	0.47	0.06
対人：特定の分野の知識を蓄えているが，丸暗記であり，意味をきちんとは理解していない	0.20	0.12	0.47	0.03
対人：球技やゲームをする時，仲間と協力することに考えが及ばない	0.22	0.40	0.45	0.08
対人：他の子どもたちからいじめられることがある	0.16	0.14	0.44	0.05
対人：動作やジェスチャーが不器用で，ぎこちないことがある	0.34	0.17	0.43	0.08
対人：独特なトーンで話すことがある	0.22	0.12	0.41	-0.01
対人：言葉を組み合わせて，自分だけにしか分からないような造語を作る	0.20	0.09	0.34	0.02
対人：意図的でなく，顔や体を動かすことがある	0.09	0.24	0.33	-0.06
対人：誰かに何かを伝える目的がなくても，場面に関係なく不自然な声を出す	0.18	0.23	0.32	-0.05
対人：みんなから，「〇〇博士」「〇〇教授」と思われている	-0.07	0.11	0.29	0.02
計算：答えを得るのにいくつかの手続きを要する問題を解くのが難しい	0.34	0.14	0.03	0.82
計算：計算をするのにとても時間がかかる	0.26	0.08	0.07	0.81
計算：簡単な計算が暗算でできない	0.26	0.10	0.03	0.81
推論：学年相応の量を比較することや，量を表す単位を理解することが難しい	0.39	0.12	0.01	0.79
推論：学年相応の図形を描くことが難しい	0.40	0.09	0.04	0.71
計算：学年相応の数の意味や表し方についての理解が難しい	0.39	0.14	0.03	0.70
計算：学年相応の文章題を解くのが難しい	0.47	0.10	0.06	0.66

（主因子法，バリマックス回転）

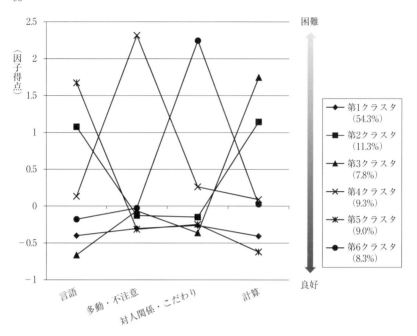

図3-41. クラスタの因子得点平均値（中学部）

スタは「多動・不注意」,「対人関係・こだわり」には問題は見られなかった一方,「言語」と「計算」に著しい困難さが見られた。第3クラスタは「計算」が著しく高い値で全クラスタ中最も苦手さが見られた。第4クラスタでは「多動・不注意」において他の5クラスタは平均より良い値であったのに比べ,唯一著しい困難を示し,またそれ以外にも若干の苦手さが見られた。第5クラスタは「計算」は全クラスタ中最も得意であり,行動面も良好な値であった。一方で「言語」の値が全クラスタ中最も困難度が高かった。第6クラスタは「言語」など他の因子では概ね良好であったものの,「対人関係・こだわり」では他のクラスタと比べて最も著しい困難さを示した。以上の結果について各因子内での因子負荷量の高かった項目から困難の特徴を表3-5にまとめた。

表3-5．クラスタの特徴（中学部）

クラスタ	割合(%)	困難の特徴	長所
第1クラスタ	54.3	特に困難なし 該当人数が最も多い	標準群
第2クラスタ	11.3	いくつかの手続きのいる計算が難しい 計算に時間がかかり，暗算が苦手 話し合いの参加・理解が難しい 単語の羅列になる等分かりやすく伝えるのが難しい （特に集団場面で）取り違い，聞きもらしが多い	対人関係は良好 状況に合わせて行動できる こだわりはない 行動は落ち着いている 細かいところまで注意できる
第3クラスタ	7.8	いくつかの手続きのいる計算が難しい 計算に時間がかかり，暗算が苦手 量の比較や単位の理解が難しい	言語面は特に良好 対人関係は良好 行動は落ち着いている
第4クラスタ	9.3	気が散りやすい 他人をさえぎったり，邪魔したりする 指示に従えず，最後までやり遂げられない じっとしていない	言語面は良好 計算に問題はない 対人関係は比較的良好 こだわりはない
第5クラスタ	9.0	話し合いが難しい 単語の羅列になる等分かりやすく伝えるのが難しい 個別に言われるとわかるが集団では難しい 指示の理解が難しい	計算は得意 行動面は落ち着いている 対人関係は良好 こだわりはない
第6クラスタ	8.3	特定の行動や考え，物にこだわる 独特の表情，目つきをしていることがある 自分なりの手順や予定があり，変更を嫌がる 友人関係をうまく作れず，一人遊びが多い	言語面は良好 多動・不注意さはない 計算に問題はない

2-1-2-4. 考察

2-1-2-4-1. 類型化された困難の特徴について

本研究では小・中学部ともにそれぞれ6つのクラスタに類型化された。今回の分析では小学部，中学部のいずれの学年群においても，全ての因子で平均より困難度が低いクラスタ（小学部：第3クラスタ，中学部：第1クラスタ）が見られた。さらに，これらの群は該当する者の割合が小学部では38.6%，中学部では54.3%と最も多かった。これらのクラスタは学習面・行動面に相対的に著しい困難を示さず，最も一般的で大多数を占める聴覚障害児群，すなわち発達障害的課題のない，聾学校における標準群であると推察する。標準群が抽出されたことは今後二次的困難と発達障害とを区別していく上で重要な指標ができたことを示し，重要な結果であったと考える。この点については第3章でも検討したい。

以下，発達障害様の特徴的な困難が相対的に見られなかった標準群を除き，それぞれのクラスタが示す困難の特徴について検討を行う（表3-3及び3-5参照）。

小学部では，標準群を除くと該当人数が一番多かったのは『計算に弱さのある群（21.9%）』，いわゆる算数LD様の状態であると推察する。「暗算ができない」「いくつかの手続きのいる計算が難しい」「量の比較や単位の理解が難しい」などが具体的特徴であり，言語面や文章題の理解は良好であった。聴覚障害児の算数について取り上げる際には言語力の問題と文章題の関連を問題にすることが多かった（堀田, 1995; 脇中, 1998）が，むしろワーキングメモリを十分に使う必要のある課題や抽象的思考に困難のある様子が示された。作業をスモールステップにすることや頭の中で行う作業を視覚化し情報を留めおいておくことが有効な手立てとなるかもしれない。二番目に多かったのが『言語面に弱さのある群（17.2%）』で，具体的には「わかりやすく伝えるこ

と」「集団場面でのやり取りや指示理解」「文章からの要点の読み取り」に特に苦手さがあった。一方で「言語」以外の因子は平均より良好であることから，聴覚障害ゆえの言語の困難さが目立っているようなタイプも一部含まれている可能性もある。三番目に多かったのは『不注意さと計算・言語に苦手さのある群（12.6%）』で，不注意が優勢型のADHDに学習の苦手さを併せ有するような状態像が予想できる。具体的な困難としては「なくし物が多く，忘れっぽい」「細部まで注意を払えない」「暗算や複雑な計算が苦手」「わかりやすく伝えることが難しい」などで，不注意や多くの情報を一度に処理することが苦手なため，集団場面での理解が難しい様子があると考える。対人関係は良く，落ち着いていることから集団の中で困難が目立たないために支援を受けにくいかもしれない。個別場面を活用した指導を行うことがより理解を深める支援の一つになると考える。次いで四番目に多かったのが，『対人関係・こだわりに困難さのある群（6.4%）』で，高機能自閉症様の困難のある群であった。具体的には「友達関係をうまく作れない」「共感性が乏しく，場が読めない」「こだわりがある」などを特徴とした。行動面は落ち着いており，「言語」因子もほぼ平均値であることから，個別場面で社会的ルールや友達との付き合い方を学ぶ，いわゆるソーシャルスキルトレーニングを行うことが効果的であると予想する。最も該当人数が少なかったのは，『多動・衝動性のある群（3.3%）』で，多動性-衝動性が優勢型のADHD様の特徴を示す群であった。具体的困難としては「じっとしていない」「他人の邪魔や横入りしてしまう」「離席が多い」などであり，他の因子はほぼ平均程度であった。対人面や学習面は比較的良好であり，「元気で活発な子」のように見えるかもしれない。

　同様に中学部では標準群を除いて，最も該当人数が多かったのは『計算，言語ともに弱さのある群（11.3%）』，であり，LD様困難のある群であった。「計算」については小学部と同様，文章題よりも「いくつかの手続きを要する問題」や「簡単な暗算」など，情報量の多いものを扱うことの苦手さが特徴

的であった。また,「言語」面では「話し合いが難しい」「内容を分かりやすく伝えることが難しい」「個別に言われると分かるが集団場面では難しい」など,最も使いやすいコミュニケーション手段を使っても聞いたり話したりすることに困難さが見られた。次に多かったのは『多動・不注意さのある群（9.3%）』でADHD様の困難を示す群であった。「気が散りやすい」「他の人がしていることをさえぎったり,邪魔したりする」「じっとしていない」などの特徴を示した。小学部でも同様の群（第6クラスタ）があったが,それよりも因子の困難度は落ち着いていた。文部科学省の基準で評価した研究2-1-1で中学部になると多動-衝動性は落ち着く傾向にあったことから,その困難の絶対的程度は軽減したことが考えられた。三番目に多かったのは『言語面に弱さのある群（9.0%）』で,言語性のLD様困難のある群であった。具体的な様子としては,「話し合いが難しい」「単語の羅列になる等,分かりやすく伝えることが難しい」「個別に言われると分かるが集団場面では難しい」で,また「言語」因子以外は全て平均より良好な値であった。小学部の第4クラスタと類似した傾向だったが,「言語」と他因子との困難の差はより著しくなっていた。また,聞こえにくさによる二次的困難が重篤化したとも考えられ,その区別のつきにくさが示唆された。次いで,『対人関係・こだわりに困難のある群（8.3%）』が多く,高機能自閉症様の状態を示した。具体的には「特定の行動や考え,物にこだわる」「独特の表情,目つきをしていることがある」「友人関係をうまく作れず,一人遊びが多い」などであった。他の因子はほぼ平均より良好で小学部の第1クラスタと類似し,また割合はやや上昇しており,研究2-1-1と同様の傾向であった。このタイプの子どもは年齢が上がっても多少質の変化はあるものの対人関係やこだわりに困難さを示すことが示唆された。最も該当人数が少なかったのは『計算に弱さのある群（7.8%）』で,算数LD様の困難を示すものであった。具体的な特徴としては「いくつかの手続きを要する問題が難しい」「計算に時間がかかり,簡単な暗算も苦手」「量の比較や単位の計算が難しい」などで,小学部の第5クラスタ

と同様であったが,割合としては21.9%から7.8%へ14.1ポイント減少した。また,小学部で見られた「不注意さと計算・言語の苦手さのある」,学習面と行動面の両方に困難さのあった群はそれぞれ学習面もしくは行動面のいずれかを困難の特徴とする群に吸収され,独立したクラスタとしては抽出されなかった。

「言語」に関する困難さを特徴とするクラスタが抽出されたことはこれまでの聾教育の中で聴覚障害児の言語獲得の困難さを指摘する多くの研究(我妻,2000; 長南・澤,2007)が行われてきたこととも一致するものであると考える。しかし,前述したように聴覚障害児教育においては言語面に比して計算に関する困難が取り上げられることは多くなく,関係する研究も計算問題はできる一方で文章題に困難を持つことに注目したもの(堀田,1995; 脇中,1998)が多かった。本研究では文章題など言語力の影響だけでなく「計算が遅い」「いくつかの手続きのいる計算が難しい」などの特徴も出ており,今後詳しい検討が必要であると考える。

標準群以外のクラスタに含まれる対象児は,学習や行動上に何らかの偏った困難を有していることが示唆されるが,その原因が聴覚障害故の二次的困難であるか,何らかの発達の偏りを有するのかは本研究のみでは区別できなかった。このことについては今後,標準群の得点を整理することにより,第3章で考察していきたい。ただ,著しい困難のある聴児の比率が6.3%であるとする先行研究(文部科学省,2002)からみると,二次的困難も含め学習面や行動面に何らかの著しい困難を示す聴覚障害児は聴児に比して非常に多い割合であり,聴覚障害児の中には聞こえにくさやそれに起因する言語やコミュニケーションの問題に対する支援とともに,発達障害等認知の偏りに起因する困難についても考慮した教育支援の必要性が示唆された。

2-1-2-4-2. 小・中学部の比較から

小学部と中学部の結果を比較すると,標準群の占める割合が中学部の方が

15.7ポイント（小学部：38.6%，中学部：54.3%）多かった。このことから横断的ではあるが学年が上がると，困難が軽減化される者，学習を積み重ねて平均的な集団に追いついていく者の存在が推察され，この点について主な因子ごとに考察することとする。

　「言語」に著しい困難のある群，及び「計算」に著しい困難のある群も中学部の方が該当人数は少なかった。これは聴覚障害故の二次的困難として苦手さのあった者が学習を積み重ねることで困難が顕在化しなくなっていったことによると推察する。ただし，本研究は聾学校教員による印象評価であることから，困難の軽減程度は「聴児と同程度まで」というよりも「聾学校の該当学年として満足できる程度」と考えることが妥当と思われる。特に聴覚障害児における言語面の困難は聴児と比較すると学年が上がるごとに増大すると考えられ，どの程度まで軽減したかは本研究では示されなかった。また一方で，「言語」や「計算」に困難のあるクラスタに分類される生徒は依然として10%程度は存在した。中学部での「言語」因子の内で負荷量の高いものは「話し合いが難しい」，「内容を分かりやすく伝えるのが難しい」であり，「計算」では「答えを得るのにいくつかの手続きを要する問題を解くのが難しい」，「計算をするのに時間がかかる」であった。聞こえにくさによるものだけでなく，情報量の多いもの，手続きの多いものを扱うことの困難さによる影響が伺える。

　次に，小学部において「多動・衝動性」及び「不注意」を示す群の合計よりも中学部における「多動・不注意」を示す群の方が少数だった。特に「不注意」因子は小学部では独立していたものが中学部では抽出さなかった。「不注意」に関する上位項目を見てみると，小学部では忘れっぽさや細部へ注目を向けることが挙げられたが，中学部では気の散りやすさ，集中の持続が上位であり，その内容には違いが見られた。また研究2-1-1で「不注意」に著しい困難を示すものは小学部，中学部共に「多動性-衝動性」に困難のある者よりも多かったことから相対的な値を示す因子得点を基にすることではっ

きりとした因子として抽出されなかったと考える。「多動性-衝動性」については加齢とともに沈静化する者が多い（宮本, 2000）と言われており，日常生活での困難が顕在化しなくなったことも影響したと考える。

「対人関係・こだわり」に関連した小学部の第1クラスタと中学部の第6クラスタを比べると，1.9ポイント増加していた。思春期になり人間関係が複雑化する中学生段階では，社会性に関する困難も顕著になったと予想する。また，因子負荷量の高い質問項目をみると小学部では対人関係に関する項目が，中学部ではこだわり行動に関する項目がより上位であり，発達段階に応じて困難の質に違いが見られることが推察された。

2-1-3．まとめ

特別な教育的支援を必要とする聴覚障害児の割合を明らかにするため，全国聾学校を対象に文部科学省調査（2002）を基にしたスクリーニングテストを行った。聴児と同様の基準で評価すると，小学部33.8%，中学部32.9%に何らかの著しい困難が見られた。内訳としては，「学習面」が31.3%，27.8%（以下，前者を小学部，後者を中学部における割合とする），「不注意」「多動性-衝動性」が9.2%，8.7%，「対人関係やこだわり等」が4.1%，5.2%であった。聴児における割合よりも高率であったことからも，聞こえにくさからくる困難との区別のつきにくさが課題となった。

続いて，困難の特徴を整理するために全質問項目を因子分析し困難を分類した後，因子得点を基に児童生徒をクラスタ分析した。その結果，小学部では5因子が抽出され，「対人関係・こだわり」に困難のある群，「不注意」「計算」「言語」に困難のある群，「標準」群（38.6%），「言語」に困難のある群，「計算」に困難のある群，「多動・衝動性」に困難のある群の6クラスタに分けられた。中学部では「標準」群（54.3%），「言語」「計算」に困難のある群，「計算」に困難のある群，「多動・不注意」に困難のある群，「言語」に困難のある群，「対人関係・こだわり」に困難のある群の6クラスタに分けられた。

2-2. 難聴特別支援学級・通級指導教室の実態調査

2-2-1. 基礎的資料（難聴特別支援学級・通級指導教室）

2-2-1-1. 目的

　聴覚に障害のある児童生徒の学習の場は聾学校のみではなく，通常学校に併設される難聴特別支援学級や難聴通級指導教室がある。そこでは聾学校と同程度の人数の児童生徒が学んでおり，重要な聴覚障害児教育の場となっている。そこで本研究では，全国難聴特別支援学級及び難聴通級指導教室を対象とし，研究2-1-1と同様の手続きを踏みながら，発達障害のある聴覚障害児の割合を明らかにすることを目的とする。また，彼らに対する支援体制の現状についても明らかにすることとする。

2-2-1-2. 方法

2-2-1-2-1. 対象

　全国公立学校難聴・言語障害教育研究協議会に所属する小学校及び中学校の難聴特別支援学級，難聴通級指導教室（小学校577校，中学校220校，聾学校31校）合わせて828校とする。

2-2-1-2-2. 手続き

　平成19年3月にアンケート調査及びスクリーニングテストを各教室・学級に郵送で依頼した。調査は，教室及び学級を対象にした教室用アンケートと，児童生徒1人ずつを対象にしたスクリーニングテストからなるものであった（巻末資料参照）。

教室用アンケートは各学校に1部で，教室（学級）の設置形態，在籍難聴児数，発達障害のある聴覚障害児に対する学級としての取り組み，今後の取り組み予定について質問した。スクリーニングテストには，研究2-1-1と同様，文部科学省（2002）が行ったチェックリスト調査を用いて聴覚障害児にも妥当に使用できるよう変更を加えたものを使用した。具体的な変更点は研究2-1-1と同様であった。また，チェックリストには対象児の教育歴や言語環境，指導形態等を質問したフェイスシートと，担任の印象や困り感，専門機関との連携等に関する質問も加え，難聴特別支援学級，通級指導教室に在籍する聴覚障害児童生徒全員に対し，発達障害の有無に関わらず1人1部ずつ，担任，もしくはそれに準ずる者がなるべく複数人で相談して付けるよう依頼した。なお，以下の評価基準は文部科学省調査（2002）が聴児を評価する際に用いたものを使用した。

2-2-1-3. 結果

2-2-1-3-1. 集計結果

1）学級・教室用アンケート

355校（42.9％）より回答があった。

① 学校種，設置形態，在籍児童生徒数等について

難聴特別支援学級，難聴通級指導教室（以下，難聴学級・通級とする）の設置されている学校種について質問した。小学校に設置されているところが262校（355校中73.8％），中学校が86校（24.2％），聾学校（聴覚特別支援学校等含む）が7校（2.0％）であった（図4-1）。これは全国通常小学校22,695校（平成19年5月1日現在，文部科学省，2007）の内の1.2％，通常中学校10,955校の内0.8％であった。中学校の方が数は少なかったが，通常学校の小中比，及び難聴特別支援学級数をみると小学校で473学級，中学校で214学級（難聴通級指導教室は教室数公表無し）と母数自体が半減しているため，回収率としては同程度

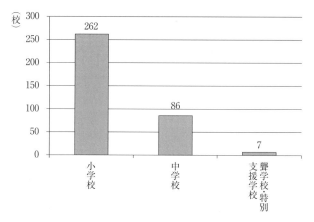

図4-1. 実施校　学校種

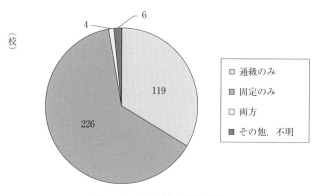

図4-2. 実施校　指導形態

となった。

　次に，指導の形態について質問した。通級による指導のみを行っている学校が119校（33.5%），固定級での指導のみを行っている学校が226校（63.7%），両方の形態で指導を行っているところが4校（1.1%），その他及び不明が6校（1.7%）であった（図4-2）。なお，その他として「巡回指導」，「固定学級だが実際には通級による指導」などが挙げられていた。

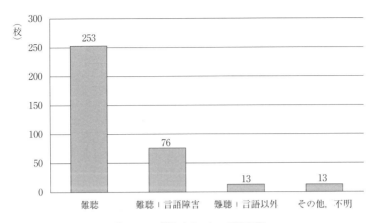

図4-3. 対象としている障害種

　対象としている障害種について質問した。難聴のみを対象としたところが最も多く253校（71.3％），難聴と言語障害を併設しているところが76校（21.4％），難聴と言語障害以外の障害種とを併設しているところが13校（3.7％），その他及び不明が13校（3.7％）であった（図4-3）。なお，その他の記述では3障害種以上を対象としていることが挙げられていた。

　難聴学級・通級に通う難聴児童及び生徒の学校別人数を聞いた（図4-4）。なお，1校に複数学級・教室が設置されている場合は合計数とする。

　実施小学校での合計人数は固定級303名（1学級あたりの平均児童数は1.8名，SD＝2.1），通級654名（1学級あたりの平均児童数は5.7名，SD＝5.1）で計957名であった。これは全国難聴学級・通級の在籍児2483名の38.5％であった。固定級では1名学級が110校と最も多く，通級では6名以上の学級が43校と最も多くなり，違いが見られた。

　同じく，実施中学校での在籍生徒数を図4-5に示す。実施中学校での合計人数は固定級104名（1学級あたりの平均生徒数は1.8名，SD＝1.5），通級96名（1学級あたりの平均生徒数は3.1名，SD＝2.3）で計200名であった。これは全国難聴学級・通級の在籍生徒648名の30.9％であった。固定級では0名若

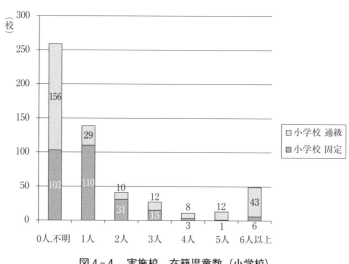

図4-4. 実施校　在籍児童数（小学校）

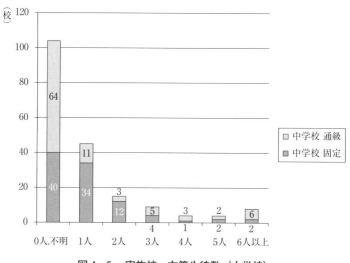

図4-5. 実施校　在籍生徒数（中学校）

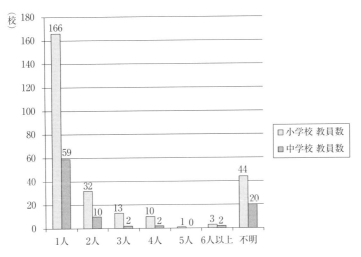

図4-6. 実施校　難聴学級・通級の担当教員数

しくは不明の群を除くと1名学級が34校と最も多く，通級も同様の様子であった。中学校では難聴学級・通級数自体も1校当たりの在籍生徒数も減少する様子が見られた。

　難聴学級・通級を担当する教員の数を聞いたところ，図4-6のようになった。小学校，中学校共に1人の教員が担当している学校が最も多かった。児童生徒の人数分布と合わせると，一対一での対応が最も多くなっている様子が予想された。

② 発達障害のある児童・生徒に対する学校としての取り組みの有無

　「取り組みを始めている」としたのは355校中79校（22.3%），「重要な課題とは認識しているが，具体的にはこれから」としたのは49校（13.8%）であった。「課題となっていない」としたのは198校（55.8%），不明は29校（8.2%）であった（図4-7）。「取り組みを始めている」「重要な課題として認識している」を合わせると36.1%の難聴学級・教室で発達障害に対する認識が見られた。聾学校では74.4%の学校で認識が見られたことと比較すると低い値と

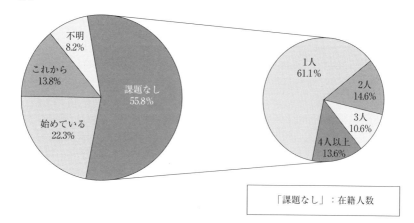

図 4-7. 学校の取り組みと在籍人数

なったが,「課題となっていない」とした難聴学級・教室の在籍児童生徒数を見てみると86.4%が1～3名の小規模校であったことから,一対一に近い状態で対応が可能であったため困難が顕在化しにくかったとも考えられ,今後詳細な検討が必要である。

③ (取り組みを始めているとした79校に質問) 実施している取り組みは何か

選択回答(複数回答可)を求めたところ,「校外研修」58校,「校内研修」40校,「校内分掌で全校的な理解・協力・相談を進める」32校が上位を占めた(図4-8)。なお,医療の連携先では「校医以外」が21校,「校医(精神科等)」と,「両方」が3校ずつであった。研修や校内の体制作りが始まっている一方で,実際に人員を配置することは難しい様子も窺われる。また,聾学校に比べて積極的に外部との連携を取っていた。

「その他」には15校より回答があった。「通級担当者の判断で,定期テストの特別措置(問題の読み上げ,マス目の計算用紙使用等)」,「専門家グループによる専門家診断」,「校内/近隣の他種特別支援学級や特別支援学校等との交流」,「在籍学級との連携」,「センター機能としての活動」などの記述があった。

④ 今後予定している取り組みについて(自由記述)

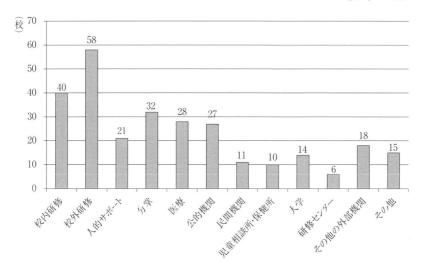

図4-8．実施している取り組み

106校より記述があった。「言語障害通級指導教室を併設しているので，連携を取っていく」，「外部の専門機関との連携」，「在籍学級との連携」，「保護者の理解促進」などが多く挙げられていた。一方で，取り組みについてではないが「聞こえにくさゆえの二次障害との区別がつかず，苦労している」，「来年度閉級予定」の記述も多く見られた。

2）小学校スクリーニングテスト

　小学校（聾学校含む）への配布は608校で，全回答数は646名分（全国小学校難聴学級・通級在籍児童2483名の内26.0％）で，その内明らかな重複障害児である者（47名），家庭での言語環境が外国語である者，それまで聴覚障害児教育を受けたことのない小学1・2年生，チェックリストに欠損データのあった者の計194名を割合を出す際の母数から除き，452名（2483名中18.2％，646名中70.0％）を分析した。なお，対象とした452名中，聾学校の通級に通うものは17名（3.8％）であった。

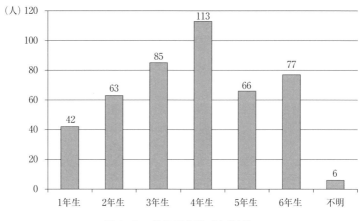

図4-9．学年別人数（小学校）

① プロフィール

（1）男女比

452名中，男児227名（50.2%），女児222名（49.1%），不明3名（0.7%）であった。

（2）学年

実施児童の学年を図4-9に示した。4年生が最も多く113名（25.0%）であった。1，2年生が若干少なくなっているのは，それまで聴覚障害児教育を受けたことのないものを除外した影響があると考える。

（3）コミュニケーション手段

子ども同士や教師との会話などで最もよく使うコミュニケーション手段，及び次によく使うコミュニケーション手段について聞いた（図4-10）。最もよく使う手段はそのほとんどが「口話（読話含む）」だった。次によく使う手段では身振りが多かったが，記入数が少なく，ほとんどの児童が口話のみを用いてコミュニケーションしているようだった。

（4）良耳の聴力レベル

実施児の良耳における平均聴力レベルを求めた（図4-11）。49dB以下の者

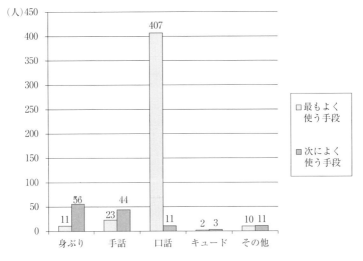

図4-10. コミュニケーション手段（小学校）

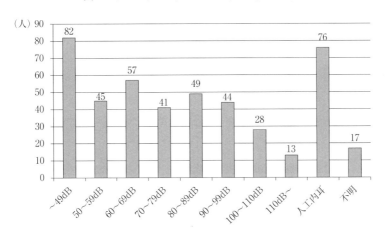

図4-11. 良耳の平均聴力レベル（小学校）

が最も多く，82名（18.1％）で，次いで人工内耳装用が76名（16.8％）が多かった。聾学校に比べて聴力の軽いものが多かった一方で，90dB以上の者も85名（18.8％）おり，広く分布していた。

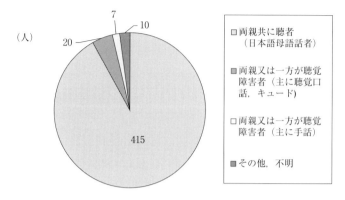

図4-12. 家庭の言語環境（小学校）

(5) 家庭の言語環境

家庭での言語環境について聞いたところ，その91.8%（415名）は「両親ともに聴者（日本語母語話者）」であった（図4-12）。次に多かったのは「両親又は一方が聴覚障害者（主に聴覚口話，キュード）」で4.4%（20名）であった。

なお，その他の内容としては，きょうだいが聴覚障害であることが挙げられていた。

② 「学習面」での著しい困難

学習面で著しい困難を示す児童は452名中，114名（25.2%）であった。6領域それぞれで特に困難があるとしてカウントされた人数は，「聞く」領域で88名（19.5%），「話す」領域で37名（8.2%），「読む」領域で36名（8.0%），「書く」領域で18名（4.0%），「計算する」領域で41名（9.1%），「推論する」領域で25名（5.5%）であった（図4-13）。「計算する」が最も高率であった（16.6%）聾学校とは異なり，「聞く」領域に著しい困難を示す者が最も多くなった。次いで「計算する」，「話す」，「読む」の順に高率であった。

③ 「不注意」,「多動性-衝動性」での著しい困難

「不注意」,「多動性-衝動性」のいずれかに著しい困難を示す児童は38名（8.4%）であった（図4-14）。また，それぞれの領域で特に困難があるとして

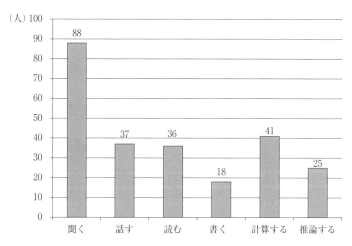

図4-13.「学習面」で著しい困難を示す児童数

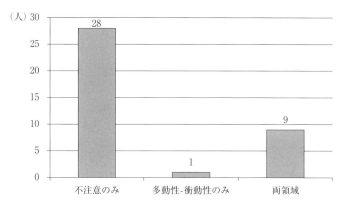

図4-14.「不注意」「多動性-衝動性」で著しい困難を示す児童数

カウントされた人数は「不注意」領域のみで著しい困難を示すとされた者は28名（6.2%），「多動性-衝動性」領域のみでは1名（0.2%），両領域で著しい困難を示すとされた者は9名（2.0%）であった。聾学校と同様，「多動性-衝動性」よりも「不注意」の項目で特に困難を示す児童が多かった。

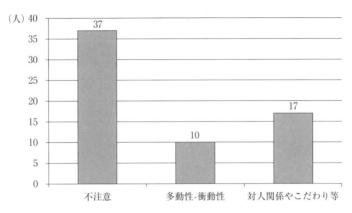

図 4-15. 「行動面」で著しい困難を示す児童数

④ 「対人関係やこだわり等」での著しい困難

「対人関係やこだわり等」に著しい困難を示す児童は17名で，対象児童の3.8%であった。

以上より，行動面での困難を示す「不注意」，「多動性-衝動性」，「対人関係やこだわり等」を比較すると図4-15のようになった。なお，「不注意」，「多動性-衝動性」の人数は両領域に当てはまる者も含めて算出したものである。小学校の難聴学級・通級では「不注意」に困難を示す児童が37名（8.2%）と最も多かった。次いで「対人関係やこだわり等」の該当児が17名（3.8%），「多動性-衝動性」の該当児が10名（2.2%）であった。

また，以上より「学習面」，「行動面」を併せて何らかの領域で著しい困難ありと判断されたのは128名で，全体の28.3%であった。その内，学習面及び行動面の「不注意」「多動性-衝動性」，「対人関係やこだわり等」の全領域で著しい困難ありだったものは11名（452名中2.4%），学習面と「不注意」「多動性-衝動性」の2領域で著しい困難ありだったものは15名（3.3%），学習面と「対人関係やこだわり等」で著しい困難ありだったものは3名（0.7%），「不注意」「多動性-衝動性」及び「対人関係やこだわり等」で著しい困難あり

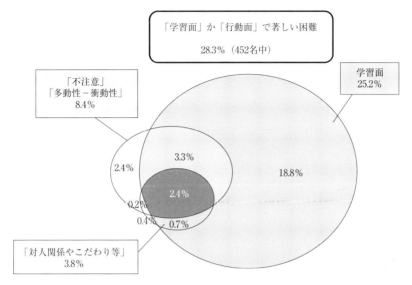

図4-16. 著しい困難の重なり具合（小学校）

だったものは1名（0.2%），学習面のみで著しい困難ありだったものが最も多く85名（18.8%），「不注意」「多動性-衝動性」のみで著しい困難ありだったものは11名（2.4%），「対人関係やこだわり等」のみで著しい困難ありだったものは2名（0.4%）であった（図4-16）。

⑤ 発達障害の有無の印象

チェックリストを実施した後，対象児童に発達障害があるように感じるかどうかを質問した。結果,「あるように感じる」としたものが107名（23.7%），「ないと感じる」としたものが297名（65.7%），未記入（「判断できない」）であったのが48名（10.6%）であった（図4-17）。

3）中学校スクリーニングテスト

中学校（聾学校含む）への配布は251校で，全回答数は183名分（全国小学校難聴学級・通級在籍生徒648名の内28.2%）で，その内明らかな重複障害児である者（21名），家庭での言語環境が外国語である者，チェックリストに欠損デー

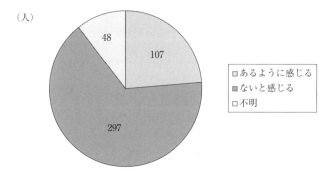

図4-17. 担任の印象（小学校）

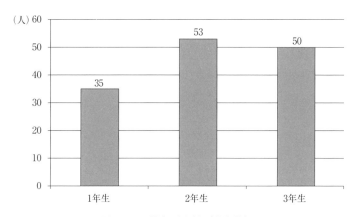

図4-18. 学年別人数（中学校）

タのあった者の計45名を割合を出す際の母数から除き，138名（648名中21.3%，183名中75.4%）を分析対象とした。なお，138名中，聾学校の通級に通うものは10名（7.2%）であった。
① プロフィール
（1）男女比
　138名の内，男児65名（47.1%），女児72名（52.2%），不明1名（0.7%）であった。

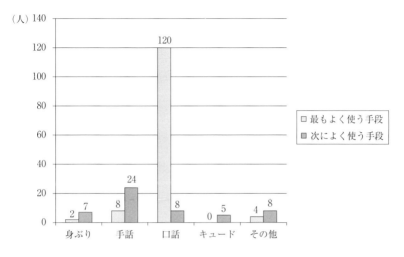

図4-19. コミュニケーション手段（中学校）

(2) 学年

1年生35名 (25.4%)，2年生53名 (38.4%)，3年生50名 (36.2%) だった (図4-18)。

(3) コミュニケーション手段

生徒同士や教師との会話などで最もよく使うコミュニケーション手段，及び次によく使うコミュニケーション手段について聞いた (図4-19)。最もよく使う手段では小学校と同様「口話（読話含む）」が最も多くなり，次いで「手話」であった。これは聾学校とは異なった傾向であった。次によく使う手段では「手話」が最も多く，次いで「口話（読話含む）」と「その他」であった。「その他」についての記述としては「筆談」を挙げたものがほとんどであった。

(4) 良耳の聴力レベル

実施生徒の良耳における平均聴力レベルを求めた (図4-20)。100〜110dBの者が16.7% (23名) で最も多く，次いで70〜79dBが13.8% (19名) であった。全体の傾向として70dB以上の比較的聴力の重いものが多く，70dB以下の

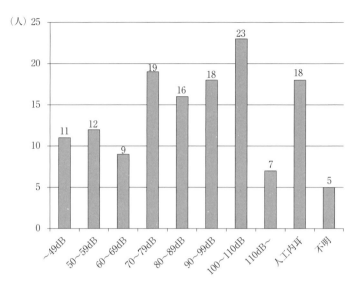

図4-20. 良耳の平均聴力レベル（中学部）

者の方が少なかった。これは小学校とは異なる傾向であった。また，人工内耳装用は13.0%（18名）であった。

（5）家庭の言語環境

家庭での言語環境について聞いたところ，その87.0%（120名）は「両親ともに聴者（日本語母語話者）」であった（図4-21）。次に「両親又は一方が聴覚障害者（主に手話）」と「両親又は一方が聴覚障害者（主に聴覚口話，キュード）」が同率で3.6%（5名）であった。

なお，その他の内容としては，「きょうだいが聴覚障害である」ことが挙げられており，小学校と同様の傾向だった。

② 「学習面」での著しい困難

学習面で著しい困難を示す生徒は138名中，23名であり，難聴学級・通級在籍生徒の16.7%であった。また，6領域ごとに特に困難があるとしてカウントされた人数は，「聞く」領域で15名（10.9%），「話す」領域で10名（7.2%），

第2章   115

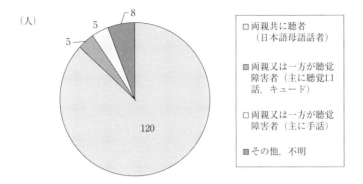

図4-21. 家庭の言語環境（中学校）

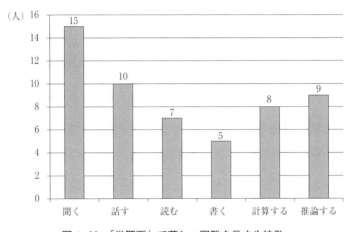

図4-22.「学習面」で著しい困難を示す生徒数

「読む」領域で7名（5.1%）,「書く」領域で5名（3.6%）,「計算する」領域で8名（5.8%）,「推論する」領域で9名（6.5%）であった（図4-22）。「聞く」で著しい困難を示す者が最も多く, 全体の傾向は減少しつつも小学校と同様であったが,「推論する」で著しい困難を示す者は小学校よりも増加していた。

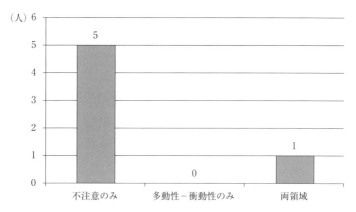

図4-23.「不注意」「多動性-衝動性」で著しい困難を示す生徒

③ 「不注意」,「多動性-衝動性」での著しい困難

「不注意」,「多動性-衝動性」に著しい困難を示す生徒は6名(4.3%)であった。また,それぞれの領域で特に困難があるとしてカウントされた人数は「不注意」領域のみで著しい困難を示すとされた者が5名(3.6%),「多動性-衝動性」領域のみでは0名(0%),両領域で著しい困難を示すとされた者は1名(0.7%)であった(図4-23)。小学校と同様,「多動性-衝動性」よりも「不注意」の項目で特に困難を示す生徒が多かったが,一方でどの領域においても該当人数は減少していた。

④ 「対人関係」や「こだわり等」での著しい困難

「対人関係やこだわり等」に著しい困難を示す生徒は4名(2.9%)であった。

以上より,行動面での困難を示す「不注意」,「多動性-衝動性」,「対人関係やこだわり等」を比較すると図4-24のようになった。なお,「不注意」(6名,4.3%),「多動性-衝動性」(1名,0.7%)の人数は両領域に当てはまる者も含めて算出したものである。中学校では行動面の問題は全面的に落ち着いていく様子が見られた。

また,以上より「学習面」,「行動面」を併せて何らかの領域で著しい困難

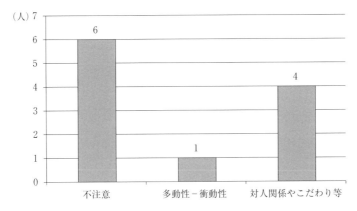

※「不注意」,「多動性-衝動性」の人数は両領域に当てはまる者も含めて算出した。

図4-24.「行動面」での著しい困難を示す生徒の特徴

ありと判断されたのは25名で,全体の18.1%であった。その内,学習面及び行動面の「不注意」「多動性-衝動性」,「対人関係やこだわり等」の全領域で著しい困難ありだったものは1名(138名中0.7%),学習面と「不注意」「多動性-衝動性」の2領域で著しい困難ありだったものは5名(3.6%),学習面と「対人関係やこだわり等」で著しい困難ありだったものは1名(0.7%),「不注意」「多動性-衝動性」及び「対人関係やこだわり等」で著しい困難ありだったものは0名(0%),学習面のみで著しい困難ありだったものが最も多く16名(11.6%),「不注意」「多動性-衝動性」のみで著しい困難ありだったものは0名(0%),「対人関係やこだわり等」のみで著しい困難ありだったものは2名(1.4%)であった(図4-25)。

⑤ 発達障害の有無の印象

チェックリストを実施した後,対象生徒に発達障害があるように感じるかどうかを質問した。結果,「あるように感じる」としたものが20名(14.5%)であり,小学校より若干減少したものの同程度であった。また,「ないと感じる」としたものが103名(74.6%),未記入(「判断できない」含む)であったの

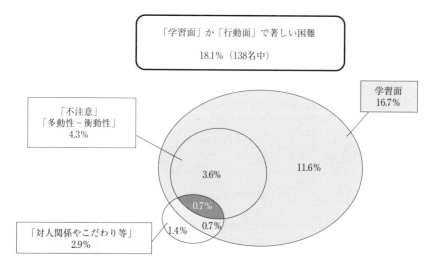

図4-25. 著しい困難の重なり具合（中学校）

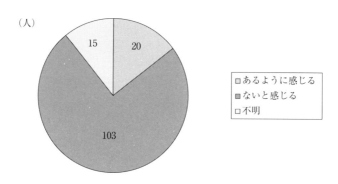

図4-26. 担任の印象（中学校）

が15名（10.9％）であった（図4-26）。

以上，小学校及び中学校での著しい困難のあった者の割合を整理すると図4-27のようになった。

「学習面」の合計は中学校で8.5ポイント減少し，各項目では特に「聞く」

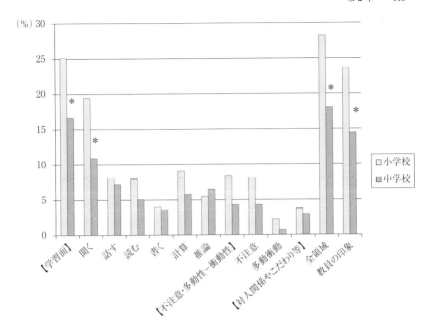

※カイ二乗検定の結果，小学校と中学校の間に有意差のあったものに「＊」を付けた。

図4-27．小学校と中学校の比較

での減少が著しかった（8.6ポイント減少）。これらはカイ二乗検定の結果，「学習面」でp＝0.04,「聞く」でp＝0.02となり，5％水準で有意な差であった。一方，有意な差ではないものの「推論する」だけが1.0ポイント増加（p＝0.66）した。なお，小学校中学校共に「聞く」が最も高率であり，聾学校とは異なった傾向であった。

「不注意」「多動性-衝動性」の合計では中学校で4.1ポイント減少したものの有意な差ではなかった（p＝0.11）。その内訳をみると，小学校中学校共に「不注意」が多く，また「不注意」「多動性-衝動性」とも中学校になると減少が見られた。また，「対人関係やこだわり等」では，中学校で0.9ポイント減少（p＝0.63）した。

全領域の合計では中学校で10.2ポイント減少し，p＝0.02（＜.05）で有意差が見られた。教員の印象でも小学校の方が9.2ポイント多く（p＝0.02，＜.05），有意差が見られた。また，全領域の合計と印象を比較してみると小学校中学校共に印象の方が少なかったが，その差（小学校：4.6％，中学校：3.6％）は聾学校よりも縮まっていた。

また，チェックリストの対象からは除外した，明らかな重複障害児を足すと，聴覚障害に何らかの困難を併せ有する者は小学校で35.1％，中学校で28.9％となった。

2-2-1-3-2．聴力との関係

良耳平均聴力と著しい困難との関係をみるために，クロス集計を行い，Pearsonのカイ二乗検定を行った。なお，聾学校よりも聴力が軽度の者が多かったこと及び母数が少なかったことから聴力群の区切りを大きくし，59dB以下群，60～89dB群，90dB以上群とした。

1）小学校

全領域を合わせて，何らかの領域で著しい困難ありとされた者と困難なしとされた者の各聴力群の比率を図4-28に示す。カイ二乗検定の結果，p＝0.06（＞.05）で有意差は見られなかった。

詳細を見るために，学習面で著しい困難ありとされた者と困難なしとされた者の各聴力群の比率をみた（図4-29）。カイ二乗検定の結果，p＝0.04（＜.05）で有意差があった。どの聴力群間に差があるのかをみるために残差分析を行ったところ，人工内耳群において著しい困難ありとされた者が期待値より多く（r＝2.1，p＜.05），59dB以下群において著しい困難ありとされた者が期待値より少なかった（r＝-2.5，p＜.01）。なお，人工内耳装用児の装用期間の平均は4.5年間（SD＝2.1）だった。

行動面の「不注意」「多動性-衝動性」で著しい困難ありとされた者と困難なしとされた者の各聴力群の比率を図4-30に示す。カイ二乗検定の結果，

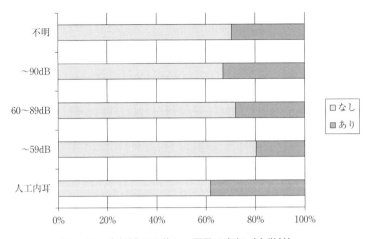

図4-28. 全領域での著しい困難の有無（小学校）

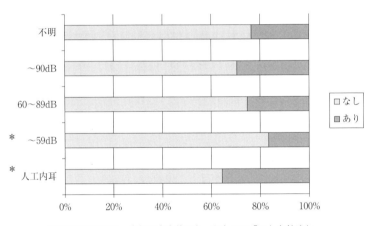

※残差分析の結果，有無に有意差のあったものに「＊」を付けた。

図4-29.「学習面」での著しい困難の有無（小学校）

p＝0.54（＞.05）で有意差は見られなかった。

次いで，行動面の「対人関係やこだわり等」で著しい困難ありとされた者と困難なしとされた者の各聴力群の比率を図4-31に示す。カイ二乗検定の

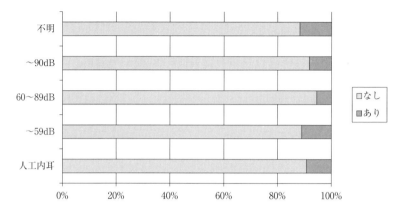

図4-30.「不注意」「多動性-衝動性」での著しい困難の有無（小学校）

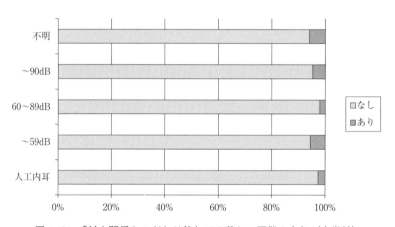

図4-31.「対人関係やこだわり等」での著しい困難の有無（小学校）

結果，p=0.56（>.05）で有意差は見られなかった。

以上より，小学校においては「学習面」の著しい困難と聴力にのみ有意な関連が見られた。

2）中学校

全領域を合わせて，何らかの領域で著しい困難ありとされた者と困難なしとされた者の各聴力群の比率を図4-32に示す。カイ二乗検定の結果，p=

第2章　123

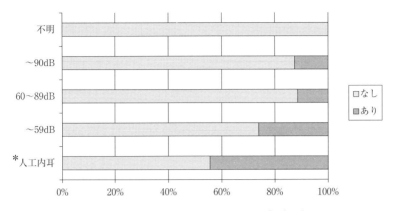

※残差分析の結果，有無に有意差のあったものに「＊」を付けた。

図4-32．全領域での著しい困難の有無（中学校）

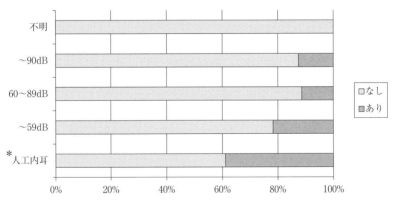

※残差分析の結果，有無に有意差のあったものに「＊」を付けた。

図4-33．「学習面」での著しい困難の有無（中学校）

0.01（＜.05）で有意差があった。どの聴力群に差があるのかをみるために，残差分析を行ったところ，人工内耳群において著しい困難ありとする者が期待値よりも多かった（r＝3.1, p＜.01）。なお，人工内耳装用期間の平均は6.9年間（SD＝3.6）であった。

詳細を検討するために，学習面で著しい困難ありとされた者と困難なしとされた者の各聴力群の比率を図4-33に示す。カイ二乗検定の結果，p=0.05（=.05）で有意差が見られた。どの聴力群に差があるのかをみるために，残差分析を行ったところ，人工内耳群において著しい困難ありとする者が期待値よりも多かった（r=2.7, p<.01）。

行動面の「不注意」，「多動性-衝動性」で著しい困難ありとされた者と困難なしとされた者の各聴力群の比率を図4-34に示す。カイ二乗検定の結果，p=0.62（>.05）で有意差は見られなかった。

次いで，行動面の「対人関係やこだわり等」で著しい困難ありとされた者と困難なしとされた者の各聴力群の比率を図4-35に示す。カイ二乗検定の結果，p=0.31（>.05）で有意差は見られなかった。

以上より，中学校においては全領域及び「学習面」で著しい困難と聴力群に関係性が見られた。

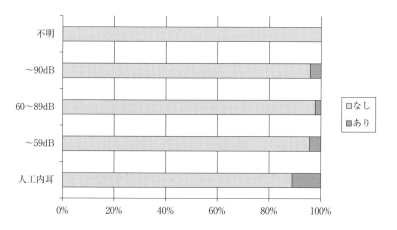

図4-34.「不注意」「多動性-衝動性」での著しい困難の有無（中学校）

第2章　125

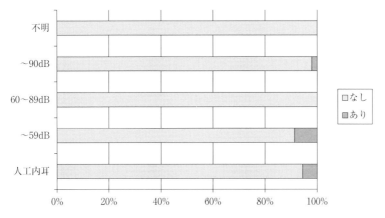

図4-35.「対人関係やこだわり等」での著しい困難の有無（中学校）

2-2-1-4．考察

2-2-1-4-1．発達障害のある聴覚障害児の割合について

　本研究の結果を，同様の手続きを用いた聾学校における割合調査（研究2-1-1）結果と比較すると，小学校中学校共に学習面，行動面の両面でその割合は低率となり，特に中学校では差が大きかった（学習面：-11.1ポイント，「不注意」「多動性-衝動性」：-4.4ポイント，「対人関係やこだわり等」：-2.3ポイント，全領域：-14.8ポイント）。それぞれの内訳をみると，学習面において聾学校では「計算する」に著しい困難のある者が最も多かったが，難聴学級・通級では「聞く」が最も多くなり，違いが見られた。難聴学級・通級の児童生徒が最もよく使うコミュニケーション手段をみると，口話がほとんどであった。「聞く」項目についても聴覚活用した場合で評価されているとすると，聴覚障害ゆえの聞こえにくさから評価が低くなっているものも含まれたことが予想される。このことから，聴覚活用している聴覚障害児を評価する際に「聞く」項目を聴児と同様に扱うことには限界があることが示唆され，今後の課題で

あった。また，聾学校に在籍する者よりも，聴覚活用だけでは十分に補いきれない時に主体的に用いることができる補助手段を習得しきれていない様子も示唆された。主に聞こえる集団の中で生活する彼らだからこそ，そのような補助手段についての支援も不可欠であると考える。「不注意」「多動性-衝動性」では小学校ではあまり差が見られなかったが，中学校では大きく減少しており，特に「不注意」では-4.1ポイントと違いが大きかった。小学校では「不注意」に著しい困難を示す者は聾学校とほぼ同率であり，また聾学校では小学部と中学部で変化が見られなかったことから考えると，中学校で「不注意」が減少したことは特徴的であった。聴児が多くいるような環境で生活する中で，その聞こえにくさを補うような積極的な行動や意識（例えば，メモの活用，話者へ注目しやすい環境作りなど）が「不注意」を補うような役割をも果たしていたのではないかと考える。「対人関係やこだわり等」では中学校において聾学校との差が特に大きく，また小学校よりも減少していた。中学生になり，人間関係や求められる社会的ルールも複雑化する中では，よりその困難率が上昇するように予想していたが異なった結果となった。このことから中学校で減少が見られたというよりも，小学校での割合が高く出ていたのかもしれないと考える。基本的に聞こえる集団の中で生活する難聴学級・通級に在籍する児童にとって友人関係を築いたりすることにはある程度の困難さが予想され，それらが年齢を重ねるごとに相互理解が図られ，経験を積むことで軽減していったと考える。この点においても聞こえにくさからくる二次的困難との区別のつきにくさが示唆されたが，一方で中学校においてもなお著しい困難を示す者も存在する（2.9%）ことは注目すべき点であった。チェックリストの結果を比較していくと著しい困難のある者は聾学校よりも少ない傾向にあったが，一方で教員の印象をみると難聴学級・通級の方が高率若しくは減少せず同等であった（小学校23.7%，小学部17.6%：中学校14.5%，中学部15.1%）。聴力やコミュニケーション手段から考えて教員の期待が高くなったことや，言語発達障害学級・通級を併設した学校も少なくないため教

員の発達障害への意識が高いことなどが原因として考えられた。

　次に，小学校と中学校での割合を比較する。学習面は中学校になると有意に減少が見られた。横断的調査なので単純に比較できない部分はあるものの，学習を積み上げていくことで困難が落ち着く傾向にあった。特に「聞く」領域での減少が著しく，具体的な項目としては「似た言葉への取り違い，聞きもらし」「特に集団場面での聞き取りや話し合いが難しい」などであった。前述したように，聞こえにくさの二次的困難との区別が特につきにくい項目群であると思われ，自らの聞こえにくさを補う方法を自分なりに獲得していったり，周囲の理解が進んだりしていくことで困難が顕在化しなくなっていったことが考えられる。一方で中学校においても困難さのある者は10％以上存在していた。また学習面の他領域をみると「推論する」領域のみで中学校の方が著しい困難を示す者が増加した（＋1.0ポイント）。具体的な項目としては「因果関係の理解」「目的に沿った計画，必要に応じた変更」などであったが，中学生になり教科学習においても生活場面においても，複雑な思考が要求されることによって，その困難さがより顕在化したと考える。行動面では，「不注意」「多動性-衝動性」，「対人関係こだわり等」の全領域で該当児が減少し，学習や経験を重ねることで困難さが落ち着くことが示唆された。「不注意」「多動性-衝動性」において，衝動性は小学3～4年生頃から徐々に落ち着く者が多い（宮本，2000）ことや，「対人関係こだわり等」において小学校で多く見られた聞こえにくさからくるコミュニケーションの困難さが，経験を積むことで顕在化しなくなったと予想される。

2-2-1-4-2. 著しい困難と聴力との関係

　小学校において，学習面の困難は59dB以下群で有意に少なく，人工内耳群で困難ありとされる者が有意に多かった。一般的に中等度難聴は補聴器装用効果が十分得られるとされ（小寺，1996），難聴学級・通級児の中でも特に聴力の軽いものは補聴効果が十分得られたことによって学習面で著しい困難を特

に示さなかったと考えられた。また，人工内耳群の平均装用期間は4.5年であり，人工内耳装用前は補聴器装用効果が期待できない程度の最重度の聴覚障害があったと予測されることから，言語を介した学習が未だ十分に積み重なっていないことが背景にあると考える。一方で，これらは他の聴力群において聞こえにくさによる二次的困難のあるものがカウントされてしまっていることを示唆しており，発達障害によるものとの区別のつきにくさが示された。なお，行動面は両領域において，聴力群によって困難ありとされるものの割合に差は見られなかった。聴覚障害に起因する二次的困難とそれとは別のものに起因する困難とが区別されており，また学習面に比べて，聞こえにくさによる困難との区別が比較的つきやすいことが示唆された。

中学校では，全領域及び学習面において人工内耳群が困難ありとされる者が期待値よりも多くなった。平均人工内耳装用期間は6.9年であり，小学校入学以降に手術をした者が多いと予想される。人工内耳の低年齢化は世界的傾向であり，より低年齢で人工内耳手術を受けたもの程，言語発達は良好であるとされ，遅くとも就学期までの手術が望ましいとされている(内藤・川野・高橋, 1999; 伊藤, 1996)。人工内耳装用によって聴力閾値自体は低下しても言語音を意味のある言語として聴取・理解できるようになるかは個人差も大きく，言語や言語を介した学習に困難さを示している者がいるのではないかと考える。また，状況の伴う会話場面では音声でのやり取りがある程度成立することから，教員の期待が高くなっていることも予想できる。いずれにせよ，学習面では聞こえにくさによる二次的困難との区別がつきにくいことが示唆された。

2-2-2. 発達障害のある聴覚障害児の類型化

2-2-2-1. 目的

研究2-2-1の結果を基に難聴学級・通級に在籍する聴覚障害児について

多変量解析を用いて困難の特徴ごとに類型化し，その結果から発達障害のある聴覚障害児の困難の特徴について考察することを目的とした。また，その結果から聴覚障害以外に特に著しい困難のない，聴覚障害児における標準群についても抽出を試みることとした。

2-2-2-2．方法

2-2-2-2-1．対象

研究2-2-1で分析対象とした，全国難聴学級・通級在籍児の内，明らかな重複障害がない，チェックリストに欠損データがないなどの条件を満たした者，すなわち小学校452名，中学校138名とした。

2-2-2-2-2．手続き

困難の特徴によって児童生徒を類型化することを目的としたため，まずは質問項目の共通因子を抽出しまとめるために全項目を基に因子分析（主因子法，バリマックス回転）を行った。次に各対象児がそれらの因子に対してどのような影響を受けているかを示すために，すなわち児童生徒を特徴の傾向ごとに類型化するために，因子得点を回帰法により算出し，クラスタ分析（ward法）を行った。

2-2-2-3．結果

1）小学校

① 因子分析

質問項目を整理するために小学校452名分の全項目を変数に因子分析を行ったところ，5因子が抽出された（累積寄与率55.9%）（表4-1）。各因子における因子負荷量をみると，因子1では「話す」，「聞く」，「読む」領域の全ての項目と「書く」，「推論する」領域の一部や，「計算する」領域の「学年相

表4-1. 因子分析結果（小学校）

質問項目	因子1	因子2	因子3	因子4	因子5
話す：内容をわかりやすく伝えることが難しい	**0.77**	0.13	0.24	0.11	0.13
話す：単語を羅列したり，短い文で内容の乏しい話をする	**0.76**	0.05	0.24	0.14	0.03
聞く：話し合いが難しい	**0.75**	0.12	0.11	0.04	0.23
聞く：聞きもらしや取りこぼしがある	**0.72**	0.11	-0.01	-0.02	0.21
聞く：似た言葉への取り違いがある	**0.72**	0.05	0.03	-0.03	0.14
読む：文章の要点を正しく読み取ることが難しい	**0.71**	0.13	0.39	0.04	0.13
聞く：個別に言われるとわかるが集団場面では難しい	**0.70**	0.17	0.11	0.01	0.23
話す：思いつくままに話すなど，筋道の通った話をするのが難しい	**0.68**	0.22	0.23	0.14	0.18
読む：初めて出てきた語や，あまり使わない語などを読み間違える	**0.67**	0.13	0.34	0.08	0.04
聞く：指示の理解が難しい	**0.67**	0.23	0.27	0.02	0.27
話す：ことばにつまったりする	**0.62**	0.04	0.22	0.17	-0.05
書く：限られた量の作文や，決まったパターンの文章しか書けない	**0.60**	0.08	0.41	0.15	0.08
話す：適切な速さで話すことが難しい	**0.59**	0.08	0.25	0.25	0.00
推論する：事物の因果関係を理解するのが難しい	**0.57**	0.18	**0.52**	0.06	0.31
読む：勝手読みがある	**0.56**	0.25	0.43	0.12	-0.07
読む：文中の語句や行を抜かしたり，または繰り返し読んだりする	**0.50**	0.24	**0.47**	0.19	-0.10
読む：音読が遅い	0.47	0.14	0.42	0.20	-0.15
推論する：早合点や，飛躍した考えをする	0.45	0.34	0.3	0.09	0.43
衝動：じっとしていない。または何かに駆り立てられるように活動する	0.13	**0.78**	0.07	0.14	0.03
衝動：授業中や座っているべき時に席を離れてしまう	0.14	**0.74**	0.12	0.12	0.02
衝動：他の人がしていることをさえぎったり，邪魔したりする	0.09	**0.73**	-0.01	0.17	0.22
衝動：手足をそわそわ動かしたり，着席していても，もじもじしたりする	0.19	**0.73**	0.17	0.16	0.11
衝動：順番を待つのが難しい	0.11	**0.71**	0.09	0.22	0.16
衝動：遊びや余暇活動に大人しく参加することが難しい	0.10	**0.68**	0.13	0.18	0.14
不注意：課題や遊びの活動で注意を集中し続けることが難しい	0.17	**0.68**	0.37	0.12	0.23
不注意：気が散りやすい	0.16	**0.66**	0.41	0.07	0.18
不注意：指示に従わず，また仕事を最後までやり遂げない	0.09	**0.66**	0.30	0.18	0.34
衝動：きちんとしていなければならない時に，過度に走り回ったりよじ登ったりする	0.11	**0.66**	0.01	0.14	-0.03
衝動：過度にしゃべる	0.07	**0.60**	0.11	0.28	0.16
衝動：質問が終わらないうちに出し抜けに答えてしまう	0.14	**0.60**	0.11	0.18	0.27
不注意：集中して努力を続けなければならない課題を避ける	0.09	**0.60**	0.44	0.12	0.21
不注意：学習課題や活動に必要なものをなくしてしまう	0.04	**0.53**	0.35	0.19	0.20
不注意：学習課題や活動を順序立てて行うことが難しい	0.20	**0.53**	**0.50**	0.16	0.29
不注意：学校での勉強で，細かいところまで注意を払わなかったり，不注意な間違いをしたりする	0.36	**0.52**	0.38	0.09	0.23
不注意：日々の活動で忘れっぽい	0.11	**0.49**	0.36	0.10	0.29
不注意：面と向かって話しかけられているのに聞いていないように見える	0.27	0.45	0.22	0.22	0.29

項目					
対人：誰かに何かを伝える目的がなくても，場面に関係なく不自然な声を出す	0.16	0.29	0.16	0.29	0.02
対人：独特な目つきをすることがある	0.06	0.24	0.14	0.22	0.14
計算：簡単な計算が暗算でできない	0.25	0.13	**0.80**	0.08	0.08
計算：計算をするのにとても時間がかかる	0.21	0.12	**0.79**	0.08	0.07
計算：答えを得るのにいくつかの手続きを要する問題を解くのが難しい	0.38	0.13	**0.75**	0.01	0.12
計算：学年相応の数の意味や表し方についての理解が難しい	0.31	0.14	**0.75**	0.08	0.08
推論：学年相応の量を比較することや，量を表す単位を理解することが難しい	0.39	0.13	**0.73**	0.01	0.13
推論：学年相応の図形を描くことが難しい	0.16	0.20	**0.71**	0.14	0.25
計算：学年相応の文章題を解くのが難しい	**0.51**	0.06	**0.66**	0.01	0.15
書く：漢字の細かい部分を書き間違える	0.19	0.36	**0.63**	0.16	-0.02
書く：独特の筆順で書く	0.13	0.32	**0.56**	0.28	-0.01
書く：句読点が抜けたり，正しく打つことができない	0.41	0.20	**0.53**	0.11	0.10
書く：読みにくい字を書く	0.15	0.37	**0.49**	0.23	0.00
推論する：目的に沿って行動を計画し，必要に応じてそれを修正することが難しい	0.39	0.33	**0.48**	0.13	0.41
対人：特定の物に執着がある	0.09	0.21	0.11	**0.67**	0.08
対人：自分なりの独特な日課や手順があり，変更や変化を嫌がる	0.06	0.18	0.16	**0.63**	0.15
対人：独特な表情をしていることがある	0.00	0.24	0.14	**0.58**	0.12
対人：ある行動や考えに強くこだわることによって，簡単な日常の生活ができなくなることがある	0.07	0.25	0.13	**0.56**	0.37
対人：他の子どもは興味を持たないようなことに興味があり，「自分だけの知識世界」を持っている	0.03	0.19	-0.02	**0.54**	0.28
対人：独特なトーンで話すことがある	0.24	0.02	0.09	**0.53**	0.15
対人：言葉を組み合わせて，自分だけにしか分からないような造語を作る	0.19	0.18	0.06	**0.51**	0.17
対人：動作やジェスチャーが不器用で，ぎこちないことがある	0.03	0.17	0.30	**0.51**	0.23
対人：独特の姿勢をしていることがある	0.03	0.38	0.12	**0.51**	0.07
対人：意図的でなく，顔や体を動かすことがある	0.10	0.35	0.14	**0.48**	0.11
対人：みんなから，「○○博士」「○○教授」と思われている	-0.08	-0.01	-0.10	**0.41**	0.13
対人：とても得意なことがある一方で，極端に不得手なものがある	0.12	0.14	0.09	**0.38**	0.33
対人：特定の分野の知識を蓄えているが，丸暗記であり，意味をきちんとは理解していない	0.20	0.14	0.03	**0.37**	0.30
対人：いろいろな事を話すが，その時の場面や相手の感情や立場を理解しない	0.17	0.18	0.08	0.21	**0.67**
対人：周りの人が困惑するようなことも配慮しないで言ってしまう	0.05	0.33	0.08	0.15	**0.64**
対人：共感性が乏しい	0.13	0.28	0.08	0.35	**0.62**
対人：友達と仲良くしたいという気持ちはあるけれど，友達関係をうまく築けない	0.19	0.21	0.09	0.27	**0.60**
対人：常識が乏しい	0.35	0.25	0.19	0.23	**0.55**
対人：球技やゲームをする時，仲間と協力することに考えが及ばない	0.11	0.34	0.12	0.37	**0.53**

対人：含みのある言葉や嫌味を言われても分からず，言葉通りに受け止めてしまうことがある	0.33	0.07	0.01	0.20	**0.50**
対人：仲の良い友達がいない	0.16	0.23	0.08	0.33	**0.47**
対人：会話の仕方が形式的であり，適切な間合いが取れなかったりする	0.25	0.00	0.07	0.38	0.44
対人：友達のそばにはいるが一人遊びをしている	0.18	0.24	0.11	0.42	0.43
対人：他の子どもたちからいじめられることがある	0.06	0.24	0.13	0.30	0.33
対人：大人びている。ませている	-0.10	-0.03	-0.01	0.12	0.19

（主因子法，バリマックス回転）

応の文章題を解くのが難しい」などが強く関連していることから「言語」に関する因子とした。因子2は「多動性-衝動性」領域の全項目と，「不注意」領域のほとんどの項目が強い関連を示したことから「多動・不注意」に関する因子とした。因子3は「計算する」領域の全項目と，「漢字の細かい部分を書き間違える」などの「書く」領域のほとんどの項目及び「量の比較や単位の理解が難しい」などの「推論する」領域の一部の項目が強い関連を示したことから「計算・書字」に関する因子とした。因子4は「対人関係やこだわり等」領域の内，「特定の物に執着がある」「独特な日課や手順があり，変更を嫌がる」など，「こだわり」に関する項目が強く関連していたことから「こだわり」に関する因子とした。因子5は「対人関係やこだわり等」領域の内，「場面や相手の感情・立場を理解しない」「周りの人が困惑するようなことも配慮せず言ってしまう」など，「対人関係」に関する項目が強く関連していたことから「対人関係」に関する因子とした。

② クラスタ分析

次に，因子得点を変数としてクラスタ分析を行い，児童を類型化した。抽出されたデンドログラムより，6つのクラスタが見出された。第1クラスタに属する児童は118名（452名中26.1%），第2クラスタは156名（34.5%），第3クラスタは88名（19.5%），第4クラスタは33名（7.3%），第5クラスタは23名（5.1%），第6クラスタは34名（7.5%）であった。図4-36は，それぞれのクラスタにおける各因子得点の平均値を示したものである。

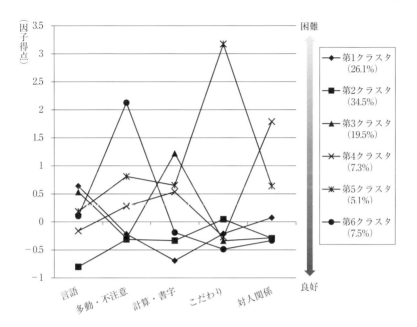

図4-36. クラスタの因子得点平均値（小学校）

抽出された各因子における上位変数の因子負荷量は全て正の値であり，またチェックリストでは困難度の高い方が，点数が高くなることから，各因子得点の値が大きくなるほど，その因子に強く関連している各項目の素点は群内において相対的に高くなる。つまり因子得点が高い方が困難度も高くなると言える。この点を踏まえ，以下から各クラスタの特徴を述べていく。

　第1クラスタは「計算・書字」は全クラスタ中最も良好な値であり，また「多動・不注意」，「こだわり」も平均より良好な値で困難は見られなかった。一方で「言語」の値は全クラスタ中最も高く，著しい困難が見られた。なお，該当人数は第2クラスタに次いで二番目に多かった（26.1%）。第2クラスタの該当児童数は最も多く（34.5%），「言語」の値が全クラスタ中最も良好な値で，なおかつ他の因子においてもほぼ平均より良い値であった。相対的に学

習面や行動面には際立った困難は見られない群であったことから，難聴学級・通級に通う聴覚障害児の中での標準群であると言えた。第3クラスタは「多動・衝動性」，「対人関係」，「こだわり」に困難は見られなかったものの，「計算・書字」は全クラスタ中，最も困難が著しかった。また，「言語」も第1クラスタに次いで困難度が高かった。第4クラスタは「こだわり」，「言語」は平均より良好であったものの，「対人関係」は全クラスタ中，最も困難が見られた。「計算・書字」及び「多動・衝動性」でも平均より値が高く，やや苦手な様子が示された。第5クラスタはどの因子も平均より困難度が高かったが，特に「こだわり」の値は著しく，全クラスタ中最も困難が見られた。第6クラスタは「こだわり」，「対人関係」，「計算・書字」では平均より良好な値であったが，「多動・不注意」，「言語」では困難が見られ，特に「多動・衝動性」の値は著しく高く，全クラスタ中最も困難が見られた。以上を表4-2にまとめた。

2）中学校

① 因子分析

中学校138名を対象に因子分析を行ったところ，4因子が抽出された（累積寄与率55.1%）（表4-3）。因子内の負荷量の高い項目をみると，因子1は「話す」，「読む」，「聞く」，「書く」，「推論する」領域の全項目と，「計算する」領域の一部が強く関連していることから「言語」に関する因子であるといえた。因子2は「多動性-衝動性」領域の全項目と，「対人関係やこだわり等」領域の主に対人関係に関する項目，「不注意」領域のほとんどが強く関連していることから「多動・対人関係・不注意」に関する因子とした。小学校では「多動・不注意」に関する因子と「対人関係」に関する因子はそれぞれ独立したものとして現れたが，中学校ではまとまった因子として抽出された。因子3は「対人関係やこだわり等」領域の主にこだわりに関する項目が強く関連していることから「こだわり」に関する因子とした。因子4は「文章題」を除く「計算する」領域のほとんどの項目と，「不注意」領域の「なくし物」の項

表4-2. クラスタの特徴（小学校）

クラスタ	割合(%)	困難の特徴	長所
第1クラスタ	26.1	分かりやすく伝えるのが難しい 話し合いが苦手 取りこぼしや取り違いが多い 文章から要点を読み取るのが難しい	計算や暗算は得意 数概念や単位の理解はよい 漢字や筆順は正しい 行動，社会性は良好
第2クラスタ	34.5	特に困難なし 該当人数が最も多い	標準群
第3クラスタ	19.5	暗算，手続きの多い計算が苦手 数概念や単位の理解が苦手 漢字の細部を間違える 分かりやすく伝えるのが難しい	行動は落ち着いている 友人関係は良い こだわりはなく，社会性は良好
第4クラスタ	7.3	相手や状況に合わせた行動・発言が難しい 共感性が乏しい 友達が少ない，うまく関係を築けない 計算や漢字もやや苦手	こだわりは見られない 予定の変化へ対応できる 文章で分かりやすく話すことができる 取りこぼしや取り違いはない
第5クラスタ	5.1	特定の物や手続きへの執着がある 予定変更が苦手 独特な表情や声のトーンが見られる 対人関係，落ち着きにもやや困難あり	言語面はほぼ平均レベル 計算や数概念理解は比較的良い 漢字の細部にも注意を払うことができる
第6クラスタ	7.5	衝動的な行動や離席が多い 順番が待てず他人の邪魔をしてしまう 注意の持続が難しい 仕事を最後まで行えない 言語面もやや苦手	こだわりはない 相手や状況に合わせた行動がとれる 友人関係は良好 計算や書字は良好

表4-3. 因子分析結果（中学校）

質問項目	因子1	因子2	因子3	因子4
話す：単語を羅列したり，短い文で内容の乏しい話をする	**0.87**	0.03	0.20	-0.06
話す：内容をわかりやすく伝えることが難しい	**0.84**	0.26	0.17	0.01
読む：文章の要点を正しく読み取ることが難しい	**0.82**	0.21	0.06	0.12
書く：限られた量の作文や，決まったパターンの文章しか書けない	**0.78**	0.19	0.15	0.08
推論する：事物の因果関係を理解するのが難しい	**0.78**	0.23	0.19	0.33
読む：初めて出てきた語や，あまり使わない語などを読み間違える	**0.78**	0.19	0.03	0.07
書く：句読点が抜けたり，正しく打つことができない	**0.76**	0.23	0.17	0.12
読む：勝手読みがある	**0.75**	0.21	0.28	0.13
話す：思いつくままに話すなど，筋道の通った話をするのが難しい	**0.74**	0.36	0.25	0.11
話す：ことばにつまったりする	**0.73**	0.07	-0.04	-0.12
計算：学年相応の文章題を解くのが難しい	**0.72**	0.20	0.16	0.22
読む：文中の語句や行を抜かしたり，または繰り返し読んだりする	**0.72**	0.03	0.02	0.24
読む：音読が遅い	**0.68**	-0.08	-0.05	0.05
推論：学年相応の量を比較することや，量を表す単位を理解することが難しい	**0.68**	0.05	0.17	**0.51**
聞く：指示の理解が難しい	**0.68**	0.31	-0.01	0.00
計算：学年相応の数の意味や表し方についての理解が難しい	**0.66**	0.02	0.12	**0.55**
聞く：聞きもらしや取りこぼしがある	**0.66**	0.14	0.00	0.04
聞く：似た言葉への取り違いがある	**0.64**	0.25	-0.03	-0.02
聞く：話し合いが難しい	**0.64**	0.25	0.00	-0.02
推論する：目的に沿って行動を計画し，必要に応じてそれを修正することが難しい	**0.62**	0.40	0.33	0.20
書く：漢字の細かい部分を書き間違える	**0.61**	0.23	0.25	0.24
計算：計算をするのにとても時間がかかる	**0.60**	-0.01	-0.01	**0.58**
計算：答えを得るのにいくつかの手続きを要する問題を解くのが難しい	**0.60**	0.16	0.25	**0.45**
話す：適切な速さで話すことが難しい	**0.59**	0.30	-0.04	-0.27
聞く：個別に言われるとわかるが集団場面では難しい	**0.56**	0.16	-0.01	-0.01
推論する：早合点や，飛躍した考えをする	**0.56**	**0.51**	0.34	0.07
推論：学年相応の図形を描くことが難しい	**0.56**	0.04	0.31	0.39
書く：読みにくい字を書く	**0.54**	0.22	0.31	0.23
書く：独特の筆順で書く	**0.48**	0.30	0.34	0.25
対人：会話の仕方が形式的であり，適切な間合いが取れなかったりする	0.40	0.27	0.32	-0.31
衝動：過度にしゃべる	0.13	**0.82**	0.10	0.09
衝動：他の人がしていることをさえぎったり，邪魔したりする	0.18	**0.76**	0.15	-0.12
対人：周りの人が困惑するようなことも配慮しないで言ってしまう	0.15	**0.74**	0.03	-0.07
衝動：遊びや余暇活動に大人しく参加することが難しい	0.07	**0.71**	-0.16	0.33
衝動：質問が終わらないうちに出し抜けに答えてしまう	0.23	**0.70**	0.20	0.04
対人：共感性が乏しい	0.15	**0.70**	0.29	-0.12
対人：いろいろな事を話すが，その時の場面や相手の感情や立場を理解しない	0.29	**0.67**	0.22	-0.27
衝動：授業中や座っているべき時に席を離れてしまう	0.02	**0.65**	0.33	0.19
衝動：じっとしていない。または何かに駆り立てられるように活動する	0.16	**0.65**	0.06	0.07
不注意：指示に従えず，また仕事を最後までやり遂げない	0.22	**0.64**	0.27	0.43
衝動：順番を待つのが難しい	0.17	**0.63**	0.25	-0.18
対人：球技やゲームをする時，仲間と協力することに考えが及ばない	0.13	**0.63**	0.24	0.18

項目				
不注意：面と向かって話しかけられているのに聞いていないように見える	0.32	**0.62**	0.08	0.21
衝動：手足をそわそわ動かしたり，着席していても，もじもじしたりする	0.16	**0.61**	0.49	0.22
不注意：日々の活動で忘れっぽい	0.12	**0.61**	0.27	0.28
衝動：きちんとしていなければならない時に，過度に走り回ったりよじ登ったりする	-0.04	**0.60**	-0.20	0.39
不注意：課題や遊びの活動で注意を集中し続けることが難しい	0.35	**0.57**	0.45	0.21
対人：友達と仲良くしたいという気持ちはあるけれど，友達関係をうまく築けない	0.29	**0.57**	0.27	-0.03
不注意：気が散りやすい	0.41	**0.56**	0.29	0.31
対人：他の子どもたちからいじめられることがある	0.10	**0.54**	0.24	0.04
対人：友達のそばにはいるが一人遊びをしている	0.15	**0.53**	0.15	0.00
対人：独特な目つきをすることがある	0.08	**0.51**	0.35	0.21
不注意：学習課題や活動を順序立てて行うことが難しい	0.31	**0.50**	0.41	0.35
対人：常識が乏しい	0.43	**0.50**	0.22	0.13
不注意：学校での勉強で，細かいところまで注意を払わなかったり，不注意な間違いをしたりする	0.43	**0.49**	0.28	0.19
不注意：集中して努力を続けなければならない課題を避ける	0.32	**0.46**	0.26	0.38
対人：仲の良い友達がいない	0.25	**0.45**	0.14	0.15
対人：とても得意なことがある一方で，極端に不得手なものがある	0.15	**0.44**	0.12	-0.12
対人：含みのある言葉や厭味を言われても分からず，言葉通りに受け止めてしまうことがある	0.39	**0.44**	0.14	-0.05
対人：言葉を組み合わせて，自分だけにしか分からないような造語を作る	0.27	**0.41**	-0.04	0.22
対人：特定の分野の知識を蓄えているが，丸暗記であり，意味をきちんとは理解していない	0.24	**0.39**	0.06	-0.18
対人：他の子どもは興味を持たないようなことに興味があり，「自分だけの知識世界」を持っている	0.22	**0.39**	0.15	0.08
対人：独特なトーンで話すことがある	0.28	0.33	0.13	0.3
対人：誰かに何かを伝える目的がなくても，場面に関係なく不自然な声を出す	-0.05	0.19	0.03	0.02
対人：自分なりの独特な日課や手順があり，変更や変化を嫌がる	0.12	0.21	**0.73**	0.08
対人：独特な表情をしていることがある	0.16	0.23	**0.70**	-0.10
対人：意図的でなく，顔や体を動かすことがある	0.04	0.13	**0.67**	0.06
対人：ある行動や考えに強くこだわることによって，簡単な日常の生活ができなくなることがある	0.03	0.36	**0.54**	0.03
対人：動作やジェスチャーが不器用で，ぎこちないことがある	0.13	0.31	**0.48**	0.11
対人：独特の姿勢をしていることがある	0.10	0.30	**0.46**	-0.36
対人：特定の物に執着がある	0.31	0.11	**0.46**	0.06
対人：みんなから，「○○博士」「○○教授」と思われている	-0.07	0.1	0.28	-0.09
計算：簡単な計算が暗算でできない	**0.55**	0.02	0.00	**0.59**
不注意：学習課題や活動に必要なものをなくしてしまう	0.28	0.46	0.21	**0.47**
対人：大人びている。ませている	0.01	0.03	-0.02	0.07

（主因子法，バリマックス回転）

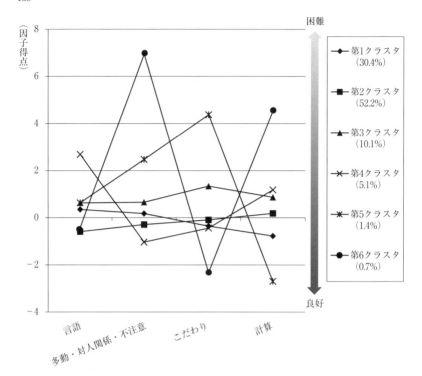

図4-37. クラスタの因子得点平均値（中学校）

目が強い関連を示したことから「計算」に関する因子とした。
② クラスタ分析

次に，各因子の因子得点を変数としてクラスタ分析を行ったところ，6つのクラスタが見出された。第1クラスタに属する生徒は42名（138名中30.4％），第2クラスタは72名（52.2％），第3クラスタは14名（10.1％），第4クラスタは7名（5.1％），第5クラスタは2名（1.4％），第6クラスタは1名（0.7％）であった。図4-37にそれぞれのクラスタにおける各因子得点の平均値を示した。

中学校においても小学校での分析と同様，抽出された各因子における上位

変数の因子負荷量は全て正の値であったことと，チェックリストでは困難度が高い方が点数が高くなることから，各因子得点の値が大きくなるほど相対的に困難度が高くなると言える。この点を踏まえ各クラスタの特徴を述べる。

　第1クラスタはどのクラスタもほぼ平均程度であり，やや「言語」に苦手さが見られた。また，該当人数は二番目に多かった（30.4%）。第2クラスタは第1クラスタと同様，どのクラスタもほぼ平均値であったが，やや「計算」に苦手さが見られた。該当人数は最も多かった（52.2%）。第3クラスタは第1，第2クラスタより全体的に困難度が若干高いものの，著しい困難というほどではなく，やや「こだわり」の値が高い程度であった。ここまでの3クラスタは質の違いというよりも，程度の違いによって分類されていると考えられた。第4クラスタは「多動・対人関係・不注意」，「こだわり」は平均より良好な値で行動面に困難は見られなかったが，「言語」や「計算」の学習面に困難が見られた。特に「言語」は全クラスタ中，最も困難が著しかった。第5クラスタは「計算」は全クラスタ中，最も良好な値であったが，それ以外の因子，特に「こだわり」や「多動・対人関係・不注意」において著しい困難が見られた。第6クラスタでは「こだわり」の値は全クラスタ中，最も良好な値であったが，「多動・対人関係・不注意」，「計算」においては全クラスタ中，最も著しい困難を示した。一方で，第5クラスタ及び第6クラスタの該当人数はそれぞれ2名，1名であり，特徴群というよりも特定の個人の特徴を示している可能性が大きかった。また，これまで聾学校及び難聴学級・通級小学校で見られた「標準群」にあたるようなクラスタを見出すことはできなかった。以上の結果を表4-4にまとめた。

2-2-2-4．考察

　小学校では5因子6クラスタが抽出された。その因子数は聾学校小学部と同様であったが，小学校の難聴学級・通級では「不注意」と「多動・衝動性」

表4-4. クラスタの特徴（中学校）

クラスタ	割合(%)	困難の特徴	長所
第1クラスタ	30.4	単語の羅列になってしまうなど，分かりやすく伝えることが難しい 文章から要点を読み取ることが難しい	全体的に平均レベル 暗算や計算が比較的得意 行動は落ち着いている
第2クラスタ	52.2	文章題よりも暗算や計算が若干苦手 数概念や単位の理解がやや苦手	全体的に平均レベル 分かりやすく文章で伝えることができる
第3クラスタ	10.1	全体的に平均よりやや苦手さがある こだわりがあり，変化が苦手 独特な表情やチックがある	行動面よりも学習面の方が比較的良好
第4クラスタ	5.1	単語の羅列になってしまうなど，分かりやすく伝えることが難しい 文章から要点を読み取ることが難しい 暗算や計算がやや苦手	落ち着いており離席等はない 状況理解が良く，適切な行動ができる 友人関係は良好
第5クラスタ	1.4	予定変更が苦手 独特の表情やチックが見られる 落ち着きがなく，おしゃべり 場面を理解し，状況に合わせた行動をするのが難しい	計算や数概念理解は良好 なくし物はしない 言語面は平均レベル
第6クラスタ	0.7	落ち着きがなく，おしゃべり 場面を理解し，状況に合わせた行動をするのが難しい 指示に従わず，気が散りやすい 暗算や計算が苦手	こだわりはなく，変化にも適応 独特の表情やチックはない 言語面は平均レベル 文章で分かりやすく話すことができる

が統合され，「対人関係やこだわり」はそれぞれ別の因子として抽出された。因子負荷量の大きい項目を見てみると聾学校での「不注意」は忘れ物や失くし物が多く，細部への注意がはらえないことなどであり，「多動・衝動性」はじっとしていない，他の人の邪魔をしたり横入りしたりてしまう，気が散り

やすいなどであった。本研究の「多動・不注意」ではじっとしていないこと，集中が難しく気が散りやすいことが上位であり，聾学校で特徴的だったような「不注意」は負荷量が小さく，目立たなかったために統合されたことが予想され，同じ「不注意」でもその質には相違が見られた。また，聾学校での「対人関係やこだわり」では対人関係に関する項目が上位であったが，本研究ではこだわりに特徴的困難を持つものがいたことによって独自の因子として抽出されたと考える。以下，各クラスタの示す困難の特徴について考察する（表4-2，図4-36参照）。

　小学校においても聾学校と同様，著しい困難を示さず，かつ該当人数が最も多い「標準群」（34.5％）が抽出されたのは興味深かった。発達障害のある聴覚障害児について検討する際に，聞こえにくさからくる二次的困難との区別のつきにくさは大きな課題であるが，今回標準群が抽出されたことにより比較対照しながらの検討が可能となったことは重要な意義があると考える。なお，この点については第3章でも検討することとする。次に該当人数の多かったものは第1クラスタであった。第1クラスタは「言語に苦手さのある群（26.1％）」であり，いわゆる言語性LD様の状態であると考える。「言語」以外の因子ではほぼ平均より良好な値であり，暗算や複雑な計算も得意で，漢字や筆順も正しく書けると思われる一方，分かりやすく伝えるのが難しく，単語の羅列や短い文章での表出になってしまう，話し合いが難しく，取りこぼしや取り違いがある等の様子が予想された。聾学校小学部においても「言語面に困難さのある群（第4クラスタ）」があったが，その割合は17.2％で本研究の方が高率であった。環境要因などにより聞こえにくさによる二次的困難がより強く表れている者も含まれていることも予想される。三番目に該当人数の多かったものは第3クラスタで「計算・書字と言語に苦手さのある群（19.5％）」で，行動面には問題がないものの学習面全体に困難のある群だった。具体的には簡単な暗算ができない，複数の手続きが必要な問題が難しい，漢字の細かい部分を書き間違える，独特の筆順で書いたり字形が整わなかっ

たりする，分かりやすく伝えるのが難しく，単語の羅列や短い文章での表出になってしまうなどの困難が特徴であった。情報量の多い物を一度に処理したり，細部まで注意を払うことが苦手な様子が伺われた。次に多かったのは第6クラスタで「多動・不注意さの著しい群」であり，該当人数は7.5%とこれまでの群より少なかった。社会性や計算，書字には困難はないものの，衝動的な行動や離席が多い，順番が待てず他人の邪魔をしてしまう，注意の持続が難しいなどが特徴であった。聾学校で「多動」及び「不注意」に著しい困難のあった第2クラスタと第6クラスタを足すと15.9%となり，この群よりも多かった。難聴学級・通級では一人学級であるところが多かったことから，より個別に対応できることで困難が顕在化しなかったと予想する。また，忘れっぽさを特徴とするような「不注意」因子が抽出されなかったこともこのことが影響していると考える。最も該当人数が少なかったのは第5クラスタで「こだわりの著しい群（5.1%）」であった。具体的な困難としては，特定の物や手続きへの執着がある，予定変更が苦手，独特な表情や声のトーンが見られるなどであった。他の行動面にも若干の困難が見られたが，言語など学習面は平均レベルであった。対人関係に苦手さのあった第4クラスタと合わせると12.4%となり，聾学校で「対人関係やこだわり」に困難のあった第1クラスタが6.4%であったことと比較するとこちらの方が高率であった。「こだわり」に特徴を示す者が多くなったことによると思われるが，その理由については本調査だけではわからなかった。

中学校では，4因子6クラスタが抽出された。それらの因子構造は聾学校や小学校と比べると切れ目がはっきりとせず命名しづらかったこと，クラスタの特徴も質の違いというよりは程度の違いであると思われるものが大部分を占めたこと，該当人数が1名や2名であり，群というよりも個人の特徴によってクラスタ化されていると考えられるものがあった。そのため，十分に生徒の特徴を捉えることができたとは言い難かった。また，これまでの聾学校，難聴学級・通級小学校で抽出された「標準群」に当たるものを明確に見

出すことができなかった。該当人数の比較的多かった第1，2，3クラスタはどれも特徴となるような困難若しくは長所がなく，因子得点構造が平坦であったことから，特徴別ではなく，その程度によって類型化されていると考えられた。難聴学級・通級中学校に通う生徒たちの多くは個人内能力にアンバランスさがあるというよりは，全体的に良好若しくは全体的に苦手さがあるといった様子であることが予想できる。他に比べて母集団が小さかったこと，難聴学級・通級の中学校は数が少なく，特殊な地域事情等が考えられることにより母集団の質が異なっていたことが推察できるが，詳細は今後の課題であった。

2-2-3．まとめ

　難聴学級・通級に在籍する聴覚障害児を対象に，聾学校と同様の手続きで発達障害のある聴覚障害児について文部科学省調査(2002)を基にした調査を行った。聴児と同様の基準で評価すると，小学校28.3%，中学校18.1%に何らかの著しい困難が見られた。その内訳としては，「学習面」が25.2%，16.7%(以下，前者を小学校，後者を中学校における割合とする)，「不注意」「多動性-衝動性」が8.4%，4.3%，「対人関係やこだわり等」が3.8%，2.9%であり，またこれらは聾学校よりも低率であったが，聴児における割合よりは高率であった。

　続いて，困難の特徴を整理するために全質問項目を因子分析し困難を分類した後，因子得点を基に児童生徒をクラスタ分析した。その結果，小学校では5因子が抽出され，「言語」に苦手さのある群，「標準群」(34.5%)，「計算・書字」と「言語」に苦手さのある群，「対人関係」に困難のある群，「こだわり」の著しい群，「多動・不注意」のある群の標準群を含んだ6クラスタに分けられた。中学校では4因子6クラスタが抽出されたが，大部分が困難の特徴というよりも平板的にその程度によって分類され，標準群も抽出されなかった。母集団の質的違いがあった可能性もあり，十分にその特徴を類型化

することができず，今後の課題であった。

2-3．第2章のまとめ

　第2章においては，文部科学省調査（2002）を用いて聾学校及び難聴特別支援学級・通級指導教室に通う聴覚障害児を対象に，発達障害様の著しい困難を示すものの割合とその特徴について考察した。結果，聾学校では小学部33.8%，中学部32.9%に，難聴学級・通級では小学校28.3%，中学校18.1%に何らかの著しい困難があるとされた。また類型化の中で著しい困難を示さない「標準群」が抽出されたことは，今後聞こえにくさに起因する二次的困難と発達障害による困難とを区別していく上で重要な指標になると考える。

　本章では学校種及び学年で区別して考察していったが，今後聴覚障害児全体としての整理も必要であると考える。また，同時に聴力レベルごとに困難の特徴に違いは出るのかを検討するために，聴力群ごとでの因子・類型化の特徴についても分析を進めたい。

　また，自治体によって各教育機関を利用する児童生徒の層が異なっていることも予想されることから，地域別に児童生徒の特徴及び支援体制について検討していくことも今後の課題であった。

第3章　発達障害のある聴覚障害児に対する評価基準の検討【研究3】

3-1．聴覚障害児版評価基準の提案

3-1-1．目的

　ここまで発達障害のある聴覚障害児について，聴児における基準を用いて評価，検討してきた。その中で，聞こえにくさからくる二次的困難と発達障害による困難との区別のつきにくさは大きな課題であり，聴児と同様の基準で評価することによって二次的困難による者も少なからずカウントされてしまうことが示唆された。実際のアセスメントに当たっては，一人ひとりの聴力レベルや教育・家庭環境，コミュニケーション手段等から多角的に評価する必要があるが，発達障害様の困難のある聴覚障害児をスクリーニングするための聴覚障害児版評価基準が必要であると考える。

　そこで本研究では，研究2-1-2及び2-2-2の類型化によって抽出された「標準群」に注目する。「標準群」は著しい困難を示さず，なおかつ該当児の最も多かった群であるが，彼らを発達障害のない聴覚障害単一障害群であると考え，彼らの示す困難は聞こえにくさに起因する二次的困難であるとすると，これを基準にすることで聴覚障害児にとってより適切な評価基準を提案することができるのではないかと考える。

　以上より，文部科学省調査（2002）を活用して「標準群」を基準にした聴覚障害児版評価基準を提案し，それを用いて発達障害のある聴覚障害児について再評価することを本研究の目的とする。

3-1-2. 方法

3-1-2-1. 対象

類型化研究において「標準群」が抽出された聾学校小学部，中学部，及び難聴特別支援学級・通級指導教室小学校とする。

なお，類型化の対象となった児童生徒はそれぞれ1040名（聾学校全国単一障害学級在籍児童1754名中59.3%），690名（聾学校全国単一障害学級在籍生徒1092名中63.2%），452名（全国難聴学級・通級在籍児童2483名中18.2%）であった。

3-1-2-2. 手続き

類型化研究で抽出された標準群を取り出し，標準群該当者の学習面の6領域（「聞く」「話す」「読む」「書く」「計算する」「推論する」）と行動面の3領域（「不注意」「多動性-衝動性」「対人関係やこだわり等」）における平均点（少数点以下第一位を四捨五入）を算出した。チェックリストでは困難が見られなければ，得点は0点になる事から，聴児における評価基準（学習面12点，「不注意」「多動性-衝動性」6点，「対人関係やこだわり等」22点）に標準群の平均値を加算し，それを聴覚障害児版評価基準とした。なお，「不注意」「多動性-衝動性」については聴児での評価基準と同様に，0点及び1点を0点に，2点及び3点を1点に換算し領域ごとに合計した時の平均値を算出した。次に，新しく提案した聴覚障害児版評価基準を用いて児童生徒を再評価し，発達障害のある聴覚障害児の割合を算出した。

3-1-3. 結果

3-1-3-1. 聾学校小学部

聾学校小学部の類型化研究（研究2-1-2）において標準群とされた第3ク

表5-1. 聴覚障害児版評価基準（聾学校小学部）

		聴覚障害児版基準 （聾学校小学部）	聴児基準との差
学習面	聞く	14	+2
	話す	13	+1
	読む	14	+2
	書く	14	+2
	計算する	13	+1
	推論する	14	+2
行動面	不注意	6	0
	多動性-衝動性	6	0
	対人関係やこだわり等	25	+3

ラスタに該当したものは401名（1040名中38.6%）であった。これらを取り出し領域ごとの平均点を算出したところ,「聞く」領域2.3点,「話す」領域1.4点,「読む」領域2.4点,「書く」領域2.3点,「計算する」領域1.3点,「推論する」領域1.5点,「不注意」領域0.4点,「多動性-衝動性」領域0.3点,「対人関係やこだわり等」領域3.0点であった。採点は整数で行われるため小数点以下第一位を四捨五入し, その数を聴児における評価基準に加算したところ,「聞く」領域14点,「話す」領域13点,「読む」領域14点,「書く」領域14点,「計算する」領域13点,「推論する」領域14点,「不注意」領域6点,「多動性-衝動性」領域6点,「対人関係やこだわり等」領域25点となり, これを聾学校小学部における聴覚障害児版評価基準とした（表5-1）。

聾学校小学部における聴覚障害児版評価基準を用いて, 1040名を再評価した。結果, 学習面に著しい困難を示したものは1040名中228名（21.9%）であった。6領域それぞれで特に困難があるとしてカウントされた人数は,「聞く」領域で70名（6.7%）,「話す」領域で87名（8.4%）,「読む」領域で69名（6.6%）,「書く」領域で53名（5.1%）,「計算する」領域で140名（13.5%）,「推論する」領域で41名（3.9%）であった。図5-1に聴児基準での割合との比較を示す。

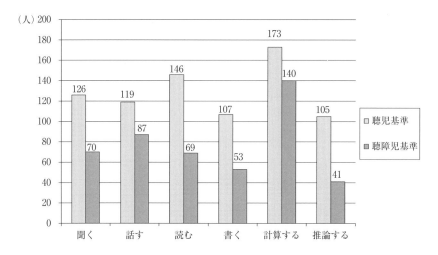

図5-1. 聴覚障害児版評価基準で「学習面」に著しい困難を示す児童数（小学部）

「不注意」,「多動性-衝動性」では，標準群の平均値が四捨五入で0点となったため，聴児基準と変化はなく，いずれかに著しい困難を示す児童は96名（9.2%）であった。また，「不注意」領域のみで著しい困難を示すとされた者が57名（5.5%），「多動性-衝動性」領域のみでは13名（1.3%），両領域で著しい困難を示すとされた者は26名（2.5%）であった。

「対人関係やこだわり等」に著しい困難を示す児童は33名（3.2%）であった。以上の結果と聴児基準との比較を図5-2に示す。なお，図中の「不注意」,「多動性-衝動性」は両領域で著しい困難を示したものも合わせたものである。

また，以上より「学習面」,「行動面」を併せて何らかの領域で困難ありと判断されたのは270名で，これは全体の26.0%となり聴児基準での評価（33.8%）よりも7.8ポイント減少した。なお，教員の印象では183名（17.6%）に「発達障害があるように感じる」とされていた（図5-3）。

領域ごとの詳細をみると，学習面及び行動面の「不注意」「多動性-衝動性」，

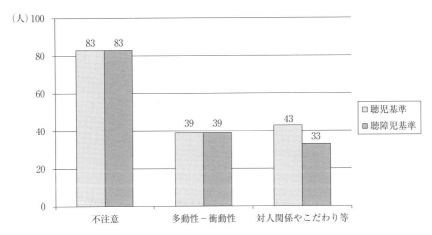

図5-2. 聴覚障害児版評価基準で「行動面」に著しい困難を示す児童数（小学部）

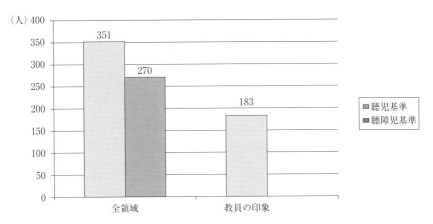

図5-3. 聴覚障害児版評価基準でいずれかの領域に著しい困難を示す児童数と

「対人関係やこだわり等」の全領域で困難ありだったものは13名（1040名中1.3%），学習面と「不注意」「多動性-衝動性」の2領域で困難ありだったものは49名（4.7%），学習面と「対人関係やこだわり等」で困難ありだったものは6名（0.6%），「不注意」「多動性-衝動性」及び「対人関係やこだわり等」

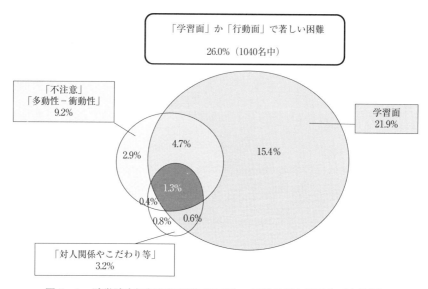

図5-4. 聴覚障害児版評価基準での著しい困難の重なり具合（小学部）

で困難ありだったものは4名（0.4%），学習面のみで困難ありだったものが最も多く160名（15.4%），「不注意」「多動性-衝動性」のみで困難ありだったものは30名（2.9%），「対人関係やこだわり等」のみで困難ありだったものは8名（0.8%）であった（図5-4）。

3-1-3-2．聾学校中学部

聾学校中学部の類型化研究（研究2-1-2）において標準群とされた第1クラスタに該当したものは375名（690名中54.3%）であった。これらを取り出し領域ごとの平均点を算出したところ，「聞く」領域2.6点，「話す」領域1.5点，「読む」領域2.1点，「書く」領域1.7点，「計算する」領域2.5点，「推論する」領域2.2点，「不注意」領域0.2点，「多動性-衝動性」領域0.06点，「対人関係やこだわり等」領域2.2点であった。採点は整数で行われるため小数点以下第一位を四捨五入し，その数を聴児における評価基準に加算した

表 5-2. 聴覚障害児版評価基準（聾学校中学部）

		聴覚障害児版基準 (聾学校小学部)	聴児基準との差
学習面	聞く	15	+3
	話す	14	+2
	読む	14	+2
	書く	14	+2
	計算する	15	+3
	推論する	14	+2
行動面	不注意	6	0
	多動性-衝動性	6	0
	対人関係やこだわり等	24	+2

ところ,「聞く」領域15点,「話す」領域14点,「読む」領域14点,「書く」領域14点,「計算する」領域15点,「推論する」領域14点,「不注意」領域6点,「多動性-衝動性」領域6点,「対人関係やこだわり等」領域24点となり,これを聾学校中学部における聴覚障害児版評価基準とした（表5-2）。

聾学校中学部における聴覚障害児版評価基準を用いて,690名を再評価した。結果,学習面に著しい困難を示したものは690名中90名(13.0%)であった。6領域それぞれで特に困難があるとしてカウントされた人数は,「聞く」領域で16名(2.3%),「話す」領域で26名(3.8%),「読む」領域で16名(2.3%),「書く」領域で25名(3.6%),「計算する」領域で40名(5.8%),「推論する」領域で31名(4.5%)であった。図5-5に聴児基準での割合との比較を示す。

「不注意」,「多動性-衝動性」では,小学部と同様,標準群の平均値が四捨五入で0点となったため,聴児基準と変化はなく,いずれかに著しい困難を示す生徒は60名（8.7%）であった。また,「不注意」領域のみで著しい困難を示すとされた者が48名(7.0%),「多動性-衝動性」領域のみでは2名(0.3%),両領域で著しい困難を示すとされた者は10名(1.4%)であった。

「対人関係やこだわり等」に著しい困難を示す生徒は24名(3.5%)であった。以上の結果と聴児基準との比較を図5-6に示す。なお,図中の「不注

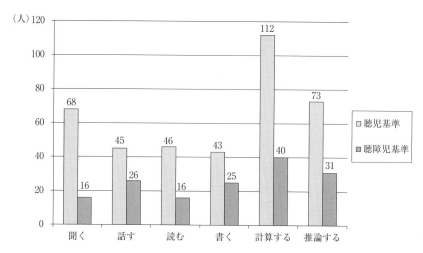

図5-5. 聴覚障害児版評価基準で「学習面」に著しい困難を示す生徒数（中学部）

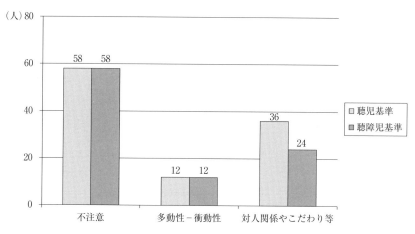

図5-6. 聴覚障害児版評価基準で「行動面」に著しい困難を示す生徒数（中学部）

意」,「多動性-衝動性」は両領域で著しい困難を示したものも合わせたものである。

また,以上より「学習面」,「行動面」を併せて何らかの領域で困難ありと

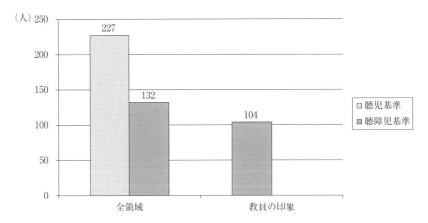

図5-7．聴覚障害児版評価基準でいずれかの領域に著しい困難を示す生徒数と教員の印象（中学部）

判断されたものは132名で，これは全体の19.1%であり聴児基準での評価（32.9%）より-13.8ポイントと大きく減少した。なお，教員の印象では104名（15.1%）に「発達障害があるように感じる」とされていた（図5-7）。

領域ごとの詳細をみると，学習面及び行動面の「不注意」「多動性-衝動性」，「対人関係やこだわり等」の全領域で困難ありだったものは5名（690名中0.7%），学習面と「不注意」「多動性-衝動性」の2領域で困難ありだったものは21名（3.0%），学習面と「対人関係やこだわり等」で困難ありだったものは6名（0.9%），「不注意」「多動性-衝動性」及び「対人関係やこだわり等」で困難ありだったものは5名（0.7%），学習面のみで困難ありだったものが最も多く58名（8.4%），「不注意」「多動性-衝動性」のみで困難ありだったものは29名（4.2%），「対人関係やこだわり等」のみで困難ありだったものは8名（0.9%）であった（図5-8）。

3-1-3-3．難聴特別支援学級・通級指導教室（小学校）

難聴学級・通級の類型化研究（研究2-2-2）において標準群とされた第2

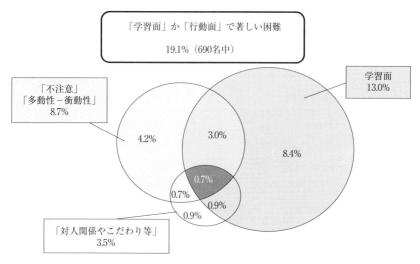

図5-8. 聴覚障害児版評価基準での著しい困難の重なり具合（中学部）

クラスタに該当したものは156名（452名中34.5％）であった。これらを取り出し領域ごとの平均点を算出したところ，「聞く」領域3.0点，「話す」領域0.7点，「読む」領域1.1点，「書く」領域0.7点，「計算する」領域0.6点，「推論する」領域0.7点，「不注意」領域0.05点，「多動性-衝動性」領域0.00点，「対人関係やこだわり等」領域1.6点であった。採点は整数で行われるため小数点以下第一位を四捨五入し，その数を聴児における評価基準に加算したところ，「聞く」領域15点，「話す」領域13点，「読む」領域13点，「書く」領域13点，「計算する」領域13点，「推論する」領域13点，「不注意」領域6点，「多動性-衝動性」領域6点，「対人関係やこだわり等」領域24点となり，これを難聴学級・通級小学校における聴覚障害児版評価基準とした（表5-3）。

難聴学級・通級小学校における聴覚障害児版評価基準を用いて，452名を再評価した。結果，学習面に著しい困難を示したものは452名中67名（14.8％）であった。6領域それぞれで特に困難があるとしてカウントされた

表5-3. 聴覚障害児版評価基準（難聴学級・通級小学校）

		聴覚障害児版基準 （聾学校小学部）	聴児基準との差
学習面	聞く	15	+3
	話す	13	+1
	読む	13	+1
	書く	13	+1
	計算する	13	+1
	推論する	13	+1
行動面	不注意	6	0
	多動性-衝動性	6	0
	対人関係やこだわり等	24	+2

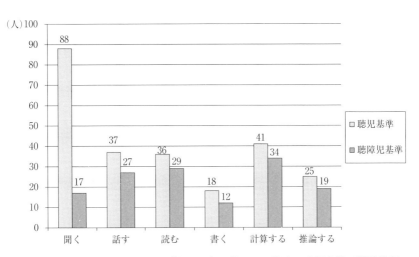

図5-9. 聴覚障害児版評価基準で「学習面」に著しい困難を示す児童数（難聴学級・通級小学校）

人数は，「聞く」領域で17名（3.8%），「話す」領域で27名（6.0%），「読む」領域で29名（6.4%），「書く」領域で12名（2.7%），「計算する」領域で34名（7.5%），「推論する」領域で19名（4.2%）であった。図5-9に聴児基準での割合との比較を示す。

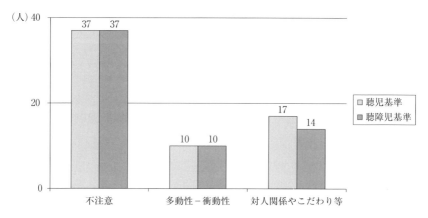

図5-10. 聴覚障害児版評価基準で「行動面」に著しい困難を示す児童数（難聴学級・通級小学校）

「不注意」，「多動性-衝動性」では，聾学校と同様，標準群の平均値が四捨五入で0点となったため，聴児基準と変化はなく，いずれかに著しい困難を示す児童は38名（8.4％）であった。また，「不注意」領域のみで著しい困難を示すとされた者が28名（6.2％），「多動性-衝動性」領域のみでは1名（0.2％），両領域で著しい困難を示すとされた者は9名（2.0％）であった。

「対人関係やこだわり等」に著しい困難を示す児童は14名（3.1％）であった。以上の結果と聴児基準との比較を図5-10に示す。なお，図中の「不注意」，「多動性-衝動性」は両領域で著しい困難を示したものも合わせたものである。

また，以上より「学習面」，「行動面」を併せて何らかの領域で困難ありと判断されたものは87名で，全体の19.2％で聴児基準での評価（28.3％）より9.1ポイント減少した。なお，教員の印象では107名（23.7％）に「発達障害があるように感じる」とされており，今回の結果よりも高率であった（図5-11）。

領域ごとの詳細をみると，学習面及び行動面の「不注意」「多動性-衝動性」，「対人関係やこだわり等」の全領域で困難ありだったものは7名（452名中

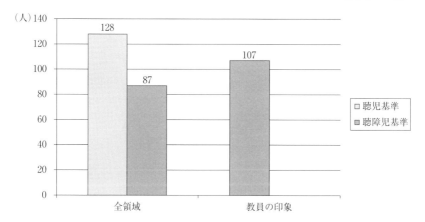

図5-11. 聴覚障害児版評価基準でいずれかの領域に著しい困難を示す児童数と教員の印象（難聴学級・通級小学校）

1.5%)，学習面と「不注意」「多動性-衝動性」の2領域で困難ありだったものは14名（3.1%），学習面と「対人関係やこだわり等」で困難ありだったものは1名（0.2%），「不注意」「多動性-衝動性」及び「対人関係やこだわり等」で困難ありだったものは3名（0.7%），学習面のみで困難ありだったものが最も多く45名（10.0%），「不注意」「多動性-衝動性」のみで困難ありだったものは14名（3.1%），「対人関係やこだわり等」のみで困難ありだったものは3名（0.7%）であった（図5-12）。

以上，聴覚障害児版評価基準による再評価結果をまとめると表5-4のようになった。聾学校小学部では何らかの領域で著しい困難ありとされた者が26.0%で，教員の印象よりも8.4ポイント多かった。聾学校中学部では何らかの領域で著しい困難ありとされた者が19.1%で，教員の印象よりも4ポイント多く，小学部よりも6.9ポイント少なかった。難聴学級・通級の小学校では何らかの領域で著しい困難ありとされた者は19.2%で，教員の印象よりも4.5ポイント少なかった。また，著しい困難を示す者は聾学校小学部より6.8ポイント少なく，中学部より0.1ポイント多かった。領域に注目すると

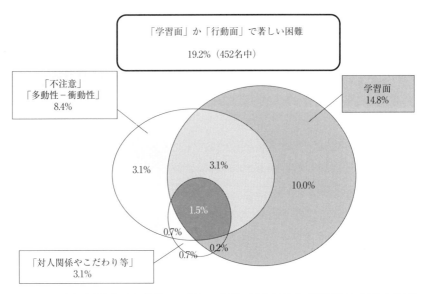

図5-12. 聴覚障害児版評価基準での著しい困難の重なり具合（難聴学級・通級小学校）

表5-4. 学校種別の聴覚障害児版評価基準での再評価結果

	聾学校　小	聾学校　中	難聴学級　小
学習面	21.9	13.0	14.8
聞く	6.7	2.3	3.8
話す	8.4	3.8	6.0
読む	6.6	2.3	6.4
書く	5.1	3.6	2.7
計算する	13.5	5.8	7.5
推論する	3.9	4.5	4.2
「不注意」「多動性-衝動性」	9.2	8.7	8.4
不注意	8.0	8.4	8.2
多動性-衝動性	3.8	1.7	2.2
対人関係やこだわり等	3.2	3.5	3.1
全領域	26.0	19.1	19.2
教員の印象	17.6	15.1	23.7

(%)

どの群でも学習面に困難のある者が最も多く，困難を示す者が一番少ないのは「対人関係やこだわり等」であった。

3-1-4．考察

　本研究では標準群の平均点を聴児の評価基準に加算することによって，聴覚障害児版の新しい評価基準を提案し，聴覚障害児を再評価した。結果，何らかの領域で著しい困難ありとされた者は聾学校小学部で26.0%，中学部で19.1%，難聴学級・通級小学校では19.2%となった。発達障害のある聴覚障害児の特徴について一致した見解が未だない中での調査であることもあり，教員の印象と聴覚障害児版の評価基準から算出される値のいずれが正しいかは，本データのみからの議論には限界があると考える。しかし，聴覚障害児版評価基準で再評価することによって，聞こえにくさからくる二次的困難の影響で「著しい困難あり」とされていた（以下，「カウントされていた」とする）者が一定程度には含まれなくなり，その割合が減少し教員の印象との差が縮まったと考える。特に「聞く」領域では，聴児基準と比べて大きく減少した。従って，聴覚障害児版の評価基準を用いることにより算出される値は聴児の評価基準を用いるよりも，聴覚障害ゆえの二次的困難を排除し信頼性が高まったと推察する。

　ただし，差は縮まったとはいうものの，聾学校では教員の印象よりも高率となり，逆に，難聴学級・通級小学校では教員の印象よりも低率となった。聴覚障害児個々の困難状況を確認できる一群を抽出し，その中で聴覚障害児版の評価基準の妥当性を検証する必要があると考える。その点については研究3-2で検証することとする。

　次に，項目ごとに加算した点数を見てみると，聾学校小学部，中学部，難聴学級・通級小学校の各群によってその傾向には若干の違いが見られたが，「不注意」「多動性-衝動性」領域についてはどの群でも標準群の平均点が0.5よりも低く，加算されずに聴児と同様の基準のままであった。一方で著しい

困難ありとされる者の割合は少なくないことから,「不注意」「多動性-衝動性」の困難は,標準群では困難はほとんど見られず,その他の群との差が大きかったこと,また困難が見た目に観察しやすく比較的分かりやすいことが示唆された。「面と向かって話しかけられているのに聞いていないように見える (0.19)」「質問が終わらないうちに出し抜けに答えてしまう (0.37)」など,聞こえにくさの影響が予想された項目があったが,標準群の項目ごとの平均値 (カッコ内,小学部の値) をみると,それらよりも「学校での勉強で,細かいところまで注意を払わなかったり,不注意な間違いをしたりする (0.54)」「気が散りやすい (0.46)」などの方が平均値が高く,苦手さを示す者が多かった。これらのことから「不注意」「多動性-衝動性」領域においては,聞こえにくさによる二次的困難とはある程度整理された解答が得られていたと考える。

　新しく得られた困難を示す者の割合を先行研究と比較する。学習面に著しい困難のある者は小学部で 21.9%,中学部で 13.0%,難聴学級・通級小学校で 14.8% であった。LD を併せ有する聴覚障害児についての調査では GRI (Gallaudet University's Research Institute) が 1990 年から毎年行っているものがあり,最新の調査 (2008) では 8.3% としている。他にも Pennington (1991) は様々な程度ながら 10% 以上は存在するとし,Ann Powers et al (1987) の調査では 6.7%,Craig and Craig (1987) では 5 〜 7 %,Bunch and Melnyk (1989) では 2.5% とするなどばらつきはあるものの,Lynn (1978) はその大部分が 3 〜16% であるとしている。本研究は聾学校中学部 (13.0%),難聴学級・通級小学校 (14.8%) ではその範囲内であり,妥当な結果と言えた。一方で聾学校小学部では 21.9% とより高率であった。標準群であっても示す困難分を評価基準に加算することで聞こえにくさからくる二次的困難の影響を少なくすることを図ったが,聾学校小学部において学習面の能力は非常に個人差が大きく,チェックリストでの評価のみでその影響を議論することは難しかった。一人ひとりの個人内バランス及び周囲の児童との比較,具体の困難の様子をある程度継続的に観察・評価することの重要性が示唆された。さらに,GRI

の調査などは確定診断のあるものをカウントしており，サスペクト児の検出率を算出した本研究とは対象とするものが異なっていたことも高率になった原因であると考える。また本研究で使用したチェックリストは元々聴児を対象としているため，質問項目においても LD のある聴覚障害児の特徴を適切に捉えることができなかったのかもしれない。この点については妥当性の検証の中で検討することとする。

次に，ADHD を併せ有する者に関する先行研究には 30〜40％（Lindsey, Susan, 2008）とするものから，22.7％（Kelly et al, 1993），5.1％（GRI, 2006）〜7.1％（GRI, 2002）とするものまで幅が広く，その障害像が一致していない様子が示唆される。本研究の値は各群で 8.4〜9.2％とその差が小さかったこと，また最も継続的でかつ調査対象数の多い GRI の調査結果に近接していたことから，本調査項目を用いた研究としては妥当性のある結果であったと考える。一方で，この割合はあくまで本調査で使用した質問項目での困難さを評価したものである。ADHD のある聴覚障害児の特徴を包括して評価するためには，その障害像を評価者間で共通したものにし，聴覚障害児独特の困難があるのか，その程度はどのくらいからが要注意であるのか等困難の特徴をさらに整理することで質問項目自体を改めて検討していく必要があると考える。

自閉症スペクトラムを併せ有する聴覚障害児については 1.0％（GRI, 2005b）〜1.6％（GRI, 2008）や 4.0％（Jure et al, 1991）など前述の 2 領域よりも少ないとする先行研究が多かった。本研究も同様に，学習面や「不注意」「多動性-衝動性」より低率で 3.1〜3.5％であった。割合としても先行研究の幅の中に入っており，同様の傾向であったことから妥当な結果であると考える。今後，ADHD についてと同じように事例の検討などを通して聴覚障害児特有の特徴があるのか，聞こえにくさの二次的困難とはどのように関連するのかを更に整理していくことが課題である。なお，どの群においても学習面に著しい困難を示す者が最も多くなり，次いで「不注意」「多動性-衝動性」，「対人関係やこだわり等」の順で割合が少なくなっていったのは共通した傾向であった。

3-2. 聴覚障害児版評価基準の妥当性の検証

3-2-1. 目的

研究3-1で提案した聴覚障害児版評価基準の妥当性を検討することを目的とする。

3-2-2. 方法

3-2-2-1. 対象

公立の聾学校小学部1校（以下，a聾学校とする）の単一障害学級在籍児童49名とする。

3-2-2-2. 手続き

a聾学校小学部において，平成21年度7月に単一障害学級在籍児童49名に対して第2章で使ったものと同様の，文部科学省調査(2002)を活用した調査（以下，チェックリストとする）を全員に実施した。手続きは研究2-1-1及び2-2-1と同様に，発達障害の有無に関わらず通常学級に在籍する児童全員に対し1人1部ずつ，教員，もしくはそれに準ずる者がなるべく複数人で相談して付けるよう依頼した。a聾学校では発達障害のある聴覚障害児に対する取り組みを様々に行っており，また筆者自身も継続的に児童と関わりがあるため，一人ひとりの実態を把握することが可能な環境にあった。

対象とした49名については，教員や保護者への聞き取り，直接的な行動観察によって発達障害様困難の有無や困難の特徴を個々に把握した。

3-2-3. 結果

3-2-3-1. 集計結果

単一障害学級在籍児童49名全員分の回答が得られた。その内、単一障害学級に在籍するものの、明らかな重複障害児である者（3名）、家庭での言語環境が外国語である者（3名）の計6名を割合を出す際の母数から除き、43名（87.8%）を分析対象とした。

① プロフィール

（1）男女比

43名の内、男児25名（58.1%）、女児18名（41.9%）であった。

（2）学年

学年毎の人数をみると、5年生が最も多く11名（25.6%）で、最も少なかったのは1年生及び3年生の4名（9.3%）であった。結果を図6-1に示す。

（3）コミュニケーション手段

子ども同士や教師との会話などで最もよく使うコミュニケーション手段、及び次によく使うコミュニケーション手段について聞いた（図6-2）。最も

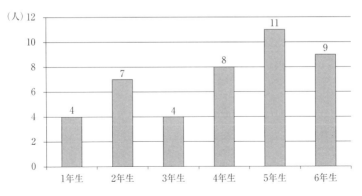

図6-1．学年別人数

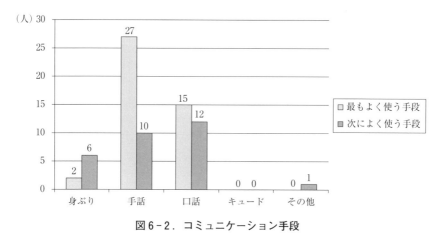

図6-2. コミュニケーション手段

良く使う手段には「手話」(27名)が,次によく使う手段には「口話(読話含む)」(12名)が最も多く挙げられていた。二番目に多いものはそれと逆転して最も良く使う手段で「口話(読話含む)」(15名),次によく使う手段では「手話」(10名)が挙げられていたことから,手話優位の者,口話優位の者がそれぞれに補助的に口話若しくは手話を使っている様子が予想できる。キュードは学校としては使用しておらず,使う者もいなかった。なお,その他には「指文字」が挙げられていた。

(4) 良耳の聴力レベル

良耳における平均聴力レベルを求めた(図6-3)。90dB～110dBの児童が27名(62.8%)と半数以上を占めていた。また,人工内耳装用児は4名(9.3%)であった。

(5) 家庭の言語環境

家庭での言語環境について聞いたところ,その74.4%(32名)は「両親ともに聴者(日本語母語話者)」であった(図6-4)。次に多かったのは「両親又は一方が聴覚障害者(主に手話)」で20.9%(9名)であった。

なお,その他の内容としては,日本語母語話者の父子家庭が挙げられてい

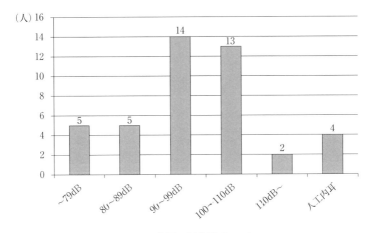

図6-3. 良耳の平均聴力レベル

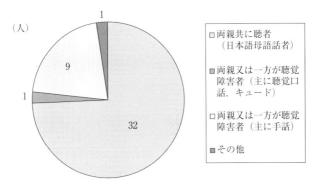

図6-4. 家庭の言語環境

た。

② 「学習面」での著しい困難

チェックリストの結果，学習面で著しい困難を示す児童は43名中，14名（32.6%）であった。6領域それぞれで特に困難があるとしてカウントされた人数は，「聞く」領域で2名（4.7%），「話す」領域で5名（11.6%），「読む」領域で3名（7.0%），「書く」領域で3名（7.0%），「計算する」領域で8名

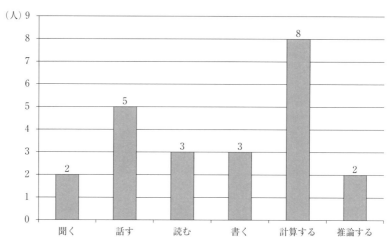

図6-5.「学習面」で著しい困難を示す児童数

(18.6%),「推論する」領域で2名(4.7%)であった(図6-5)。聾学校小学部と同様,「計算する」で困難を示すものが最も多く,次いで「話す」に困難のある者が多かった。

③ 「行動面」での著しい困難

チェックリストの結果,「不注意」,「多動性-衝動性」のいずれかに著しい困難を示す児童は7名であり,単一障害学級在籍児童の16.3%であった。また,それぞれの領域で特に困難があるとしてカウントされた人数は「不注意」領域で著しい困難を示すとされた者が7名(16.3%),「多動性-衝動性」領域では4名(9.3%)で,両領域で著しい困難を示すとされた者と一致した(4名,9.3%)。「多動性-衝動性」のみに困難を示す者はおらず,また「不注意」に特に困難を示す児童の方が多かった。

また,「対人関係やこだわり等」に著しい困難を示す児童は4名で,単一障害学級在籍児童の9.3%であった。

以上より,行動面での困難を示すものを図6-6にまとめた。「不注意」に困難を示す児童が最も多かった。

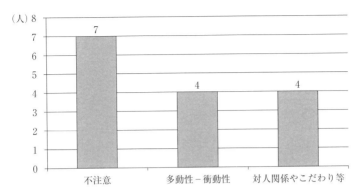

図6-6.「行動面」で著しい困難を示す児童数

また,以上より「学習面」,「行動面」を併せて何らかの領域で困難ありと判断されたのは17名で,全体の39.5%であった。その内,学習面及び行動面の「不注意」「多動性-衝動性」,「対人関係やこだわり等」の全領域で困難ありだったものは1名(43名中2.3%),学習面と「不注意」「多動性-衝動性」の2領域で困難ありだったものは3名(7.0%),学習面と「対人関係やこだわり等」で困難ありだったものは1名(2.3%),「不注意」「多動性-衝動性」及び「対人関係やこだわり等」で困難ありだったものは2名(4.7%),学習面のみで困難ありだったものが最も多く9名(20.9%),「不注意」「多動性-衝動性」のみで困難ありだったものは1名(2.3%),「対人関係やこだわり等」のみで困難ありだったものは0名であった(図6-7)。

④ 発達障害の有無の印象

チェックリストを実施した後,対象児童に発達障害があるように感じるかどうか印象を質問した。結果,「あるように感じる」としたものが15名(34.9%),「ないと感じる」としたものが28名(65.1%)であった。聴覚障害児版評価基準で何らかの著しい困難ありとされたものは17名(39.5%)で若干印象よりも多かったが十分に近い割合であり,その中の13名(76.5%)が教員の印象でも「発達障害があるように感じる」と判断した児童であった。

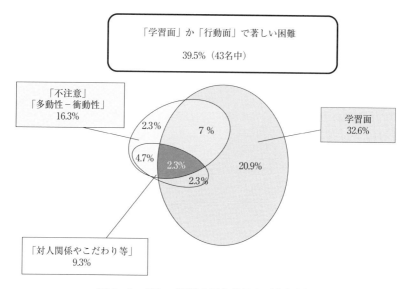

図6-7. 著しい困難の重なり具合（小学部）

また、チェックリストでカウントされず、印象でも「なし」とされた者も含めると、教員の印象と聴覚障害児版評価基準の結果が一致したものは43名中37名と一致率は86.0%と高率になった。

そしてカイ二乗検定の結果でも、p＝0.00で両者は有意に強く関係していることが示された（p＜.01）（図6-8）。詳細については次項で検討する。

3-2-3-2. 各々の児童の実態との同異

教員の印象と聴覚障害児版基準結果には強い関係性が見られた。そこで、本項では一人ひとりの実際の様子と照らし合わせながら、聴覚障害児版評価基準の妥当性について検討していく。

調査実施時に「発達障害の医学的診断はあるか」を教員や保護者に質問したところ、43名中3名（7.0%）について診断があるとの返答があった。内訳としては「アスペルガー症候群」2名、「広汎性発達障害」1名で、3名とも

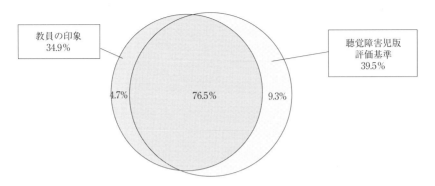

図6-8．教員の印象と聴覚障害児版基準結果

困難として可視化しやすいような行動面に関するものについての診断名であった。この3名は聴覚障害児版評価基準で「不注意」「多動性-衝動性」と「対人関係やこだわり等」の2領域，もしくは「対人関係やこだわり等」のみで著しい困難ありとされており，医学的診断のある者は全員妥当と思われる領域においてカウントされていた。また，保護者，教員共に発達障害様の著しい困難があると認め，発達障害のある聴覚障害児のための指導会に継続参加している者が43名中7名（16.3%，内3名は前述の医学的診断のある者と同一）いた。この7名中6名が普段の様子から妥当であると考えられる領域でそれぞれ著しい困難ありとカウントされていた。カウントされなかった1名については，教員の印象では「発達障害がある」とされたものの，聴覚障害児版評価基準では抽出することができなかったものとして後述する。

　教員の印象と聴覚障害児版評価基準の結果が一致した者は43名中37名で一致率は86.0%と高かった。一方で教員の印象では「発達障害はないと感じる」とされたものの，聴覚障害児版評価基準では「著しい困難あり」としてカウントされてしまい，相違が生じた者も4名（9.3%）いた。1事例目は1年生女児で，学習面の「聞く」及び「計算する」領域で著しい困難ありとされていた。2事例目は2年生男児で，学習面の「読む」「書く」「計算する」

の3領域で著しい困難ありとカウントされていた。一方で教員からは「個体内でアンバランスさがあるというよりも，全体的にゆっくりで軽度の知的障害が疑われる」との報告があった。3事例目は4年生女児で，「読む」領域で著しい困難が見られたが，この事例は3年次後期（10月）までは公立の教育機関で読み書きの学習を受けておらず，手話は豊かにできるものの，転校当初書きことばはほとんど習得されていなかった。教員からは，読み書きの学習期間が極端に短いことの影響が示唆されたが，一方で新しい単語の定着がとても難しいなどやはり何らかの困難があるようにも感じられ，まだ発達障害の有無を言いづらいとの報告もあった。4事例目は5年生女児で，「計算する」領域でカウントされていた。

　また，教員の印象では「発達障害がある」とされたものの，聴覚障害児版評価基準では抽出することができなかったものも2名存在した。1事例目は5年生女児で，チャージ連合による症候群性聴覚障害であるが，著しい知的な遅れは見られない者であった。教員の印象では「粗大運動，微細運動共にとても不器用」，「課題要求が少し高くなるだけで固まってしまう」，「友達や大人とのやり取りが全体的に幼い印象」などの様子が観察されている。2事例目は前述した，発達障害のある聴覚障害児の指導会に通う5年生女児であった。困難の特徴としては「書きことばでの単語が定着しない。その場では覚えるもののすぐに忘れてしまう」「カタカナも4年生時にやっと習得。漢字を覚えるのもとても苦手」「幼く，自己中心的な発言が多い。内容の深い話し合いについていけない」「普段は落ち着いているが，熱中しだすと後先を考えずに行動してしまう」という様子が報告された。全般的な知的発達の遅れも疑われたが，児童にとって最も使いやすい手段である手話を，課題意図を逸脱しないように配慮しながら用いたWISC-Ⅲによる評価ではVIQ87，PIQ90，FIQ88で著しい遅れはなかった。一方で教研式全国標準読書力診断検査（小学校3・4年生用）を4年生1学期に実施したところ，読書力学年は2年生1学期であったこと，絵画語彙発達検査では生活年齢9歳6カ月で語彙

年齢は4歳3カ月であったことから、手話では理解が良いことも書きことばでの学習になると成績が著しく低下してしまう様子が見られた。

3-2-4．考察

一聾学校において悉皆調査を行い、研究3-1で提案した聴覚障害児版評価基準を用いて評価したところ、39.5％に何らかの著しい困難があるとされた。医学的診断のある者は全員、診断はないものの発達障害様の困難があるとされている者は7名中6名が妥当と思われる領域でカウントされており、発達障害の有無に関する教員の印象と聴覚障害児版評価基準では一致率も86.0％と高率であった。また一致しなかった児童についても後述するように、運動上の課題があるなど鑑別しきれなかった理由が見つかった。以上より、今回提案した聴覚障害児版評価基準には、鑑別上の限界はあるものの概ねの妥当性があると考える。

評価結果と教員の印象が一致しなかった者について、その理由と今後の課題について考察する。まず、「著しい困難あり」とカウントされたものの教員はそのように感じていなかった事例が4名あった。その内1名（「読む」「書く」「計算する」でカウント）は軽度の知的障害が疑われていた。文部科学省（1999）の定義によるとLDとは「基本的には全般的な知的発達に遅れはないが、聞く、話す、読む、書く、計算する又は推論する能力のうち特定のものの習得と使用に著しい困難を示す様々な状態を指すもの」とされているが、同時に「実際には複数の能力の習得と使用に困難を示すことも多く、また、いわゆる2次的障害により、全般的に知的発達に遅れがある場合と明確に鑑別し難いものも見られる」（文部科学省, 1999）ともされており、軽度の知的障害との区別のつきにくさが指摘されている。聴覚障害児においても同様に、また聞こえにくさによる二次的困難との区別のつきにくさも加味するとそれ以上に、その鑑別には慎重さと多角的評価が必要であると考える。もう1名（「読む」に著しい困難ありとカウント）は、最近まで特殊な教育環境にあったことから書

きことばの習得が極端に遅れていることが考えられた。聴覚障害児にとって教育環境等の影響によってもコミュニケーション手段としての言語（手話）と，学習のための言語（書きことば）の言語力には不均衡が生まれることが予想されうるため，養育歴や言語環境など個別に評価が必要な面もあることが示唆された。同時に環境要因による学習の遅れとの区別は非常に難しいことも示された。他の2事例（「計算する」でカウントされたもの1名，「聞く」と「計算する」の2領域でカウントされたもの1名）については特に考慮すべき個人的特徴は見られなかった。聾学校小学部での標準群401名とそれ以外の639名の「計算する」領域の平均点及び最大値（15点満点，高得点ほど困難度が高い）をみると，標準群では平均1.3点（SD＝1.7），最大値8点であり，それ以外の群では平均8.1点（SD＝4.6），最大値15点であった。標準群以外の聴覚障害児の平均値が高く分散も大きいことは，極端に困難を示す者が少なからず存在したことを示している。今後は偏りの大きかった項目について標準群との二分化による平均値の単純加算だけではなく「著しい困難」を示す群や「中程度の困難」を示す群との関係性など困難の度合いによる得点の重みづけ等も視野に入れて詳細な検討が必要であると考える。

　また，「聞く」でカウントされた1事例については最も良く使うコミュニケーション手段が「口話」（平均聴力: 右104dB HL, 左90dB HL）であり，発達障害による困難さというよりも，聴覚活用を行いながらもなお残ってしまう「聞く」ことへの困難によると考えられた。また，難聴学級・通級でも学習面で困難を示す者が最も多かったのは「聞く」領域であり，彼らの最もよく使うコミュニケーション手段は「口話」であったことから，ここにも聴覚活用をしながらもなお残ってしまう聞こえにくさによる困難を示す者が含まれてしまったと予測される。十分な聴覚活用と同時に聞こえにくさを補う補助手段を身につけていく必要性とともに，質問項目自体が聴覚障害児を評価する際に配慮が必要なものであったことが示唆された。本研究では「聞く」領域の項目に「最も使いやすいコミュニケーション手段で」と追記をしたが，より

適切に，共通した基準で評価できるように文言の表現にも今後工夫が必要であると考える。

また，教員の印象では「発達障害がある」とされたものの，聴覚障害児版評価基準では抽出することができなかったものが2名存在した。1事例はチャージ連合症候群による聴覚障害児で「粗大運動，微細運動共にとても不器用」，「課題要求が少し高くなるだけで固まってしまう」，「友達や大人とのやり取りが全体的に幼い印象」などの様子のある児童であった。運動については本研究で活用した文部科学省調査（2002）には質問項目として含まれておらず，評価することができなかった。研究1-2で用いたPRSには「運動能力」（「一般的な運動」，「バランス」，「手先の器用さ」）に関する質問項目が含まれており，器用さ等を含めて「学習の困難」をとらえるならば，バッテリーを組みながら評価することの必要性が示された。ちなみに文部科学省調査（2002）に含まれず，PRSには設定されている項目として「オリエンテーション」（「時間の判断」，「土地感覚」，「関係の判断」，「位置感覚」）もあり，これらを含めた新しい評価項目の整理も今後行いたいと考える。また，チャージ連合は耳介奇形及び難聴に併せて，自閉的特徴を示すことがあり（Jure, Rapin, and Tuchman, 1991; Miller, Stromland, Venture, Johansson, Bandim, Gillberg, 2004），チャージ連合による聴覚障害児に対しては基本的に自閉的特徴についても慎重に判断していく必要があると考える。

もう1事例は，最も良く使うコミュニケーション手段である手話と書きことばの能力に大きなギャップの見られる児童であった。特に，「書きことばでの単語が定着しない。その場では覚えるもののすぐに忘れてしまう」など，音韻を文節単位として継次的に処理することに著しい苦手さが見られた。例えば，単語を書いたときに文字が脱落してしまったり（例：「クリスマス」→「クリマス」），文字順が逆転してしまったり（例：「こいのぼり」→「こいぼのり」）することは発達段階にある聴児や一般的な聴覚障害児でも起こるが，この事例ではその頻度や定着の悪さが特に顕著であった。書きことばであれば複数の

音節構造を持つ単語も，手話表現では一つから二つ程度の動作で表すことができるため，手話では継次的処理の困難さが顕在化しなかったことが考えられる。聴児においては耳から自然に音が入力されるため，音韻意識は自然に獲得されていく（天野, 1970; 1986）が，聞こえにくさによって十分な音の入力が阻害される聴覚障害児にとって音韻意識は「学習して習得するもの」となる。音韻には各言語の音のカテゴリー化に関する役割のほかに，言語を構成する分節単位としての役割があるが，後者の役割に関する聴覚障害児の音韻意識の発達について，一般的に習得時期は聴児より若干遅れる（あるいは個人差が大きい）ものの，習得していくことができるものであるとされている（斎藤, 1978; J. Leybart & B. Charlier, 1996; Miller, 1997）。その一方で，他の聴覚障害児に比して著しい困難を示す者が存在したことは，聴覚に障害のない発達障害児にはみられない，発達障害による聴覚障害児独特の特徴であると考える。また，海外においては学習到達度と潜在能力とのディスクレパンシーはLDのある聴覚障害児の特徴としてもっともよく挙げられており（Ann Powers, Elliott, and Funderburg, 1987），最も確実なコミュニケーション手段と書きことばの能力差は，LDのある聴覚障害児を特徴づける上で重要なものであると示唆された。以上から「運動面（粗大及び微細）」，「オリエンテーション」，「継次的音韻処理（音節数の多い単語の操作等）」，「新しい単語の定着度」，「最も使いやすいコミュニケーション手段と書きことばとの能力差」については本研究では質問項目としては設定されていなかったものの，発達障害のある聴覚障害児をスクリーニングするために有効な項目であることが示唆された。Powersらは「学習スタイルの違い」，「記憶困難」，「個人内の能力差」なども良く挙げられる特徴であるとしており，またこういった問題は全ての教育関係者に関係するものであるとして，聴覚障害児教育に関わる者も他の領域の障害についてよく理解する必要があると指摘している。

　今後，より困難の特徴を包括できるような項目や発達障害のある聴覚障害児特有の困難を問う項目を加え，標準群との差が大きい項目についての得点

の重みづけをする等の操作を行うことで,より妥当に発達障害のある聴覚障害児を評価できる新たな評価尺度の検討をしていくことが課題であった。

3-3. 第3章のまとめ

　類型化研究(研究2-1-2,研究2-2-2)で抽出された「標準群」の各領域平均点を算出し,それを聴児における評価基準に加算することで聴覚障害児版評価基準を提案した。聴覚障害児版評価基準を用いて聾学校小学部1040名,中学部690名,難聴学級・通級小学校452名を再評価したところ,何らかの領域で著しい困難ありとされたものはそれぞれ26.0%,19.1%,19.2%であった。聴覚障害児版評価基準の妥当性を検討するために,一聾学校において悉皆調査(43名)を行った。聴覚障害児版評価基準を用いて評価したところ,39.5%に何らかの著しい困難があるとされた。その内,発達障害の医学的診断のある者は全員,また診断はないものの発達障害様の困難があるとされている者は7名中6名が妥当と思われる領域で著しい困難ありとされた。発達障害の有無に関する教員の印象と聴覚障害児版評価基準の一致率は86.0%と高率であり,一致しなかった児童についても鑑別しきれなかった理由を予測する事ができた。以上より,今回提案した聴覚障害児版評価基準には概ねの妥当性があると考える。一方で運動面や単語の定着など,今回のチェックリスト項目では評価できない困難があることが示唆され,今後発達障害のある聴覚障害児の特徴をより広域に整理することで,質問項目自体の整理を行う必要性が示された。

第4章　類型化から得られた
典型事例による困難の整理【研究4】
——継続的な支援を通じての変容と課題——

4-1．目的と手続き

　類型化研究において，各学校種ごとに児童生徒を困難の特徴で群化し，その特徴について考察した。何らかの著しい困難のある聴覚障害児をタイプ別に大別できたことによって，発達障害のある聴覚障害児への気づきにつながっていくと期待する。そしてさらに，実際の学校生活の中で，発達障害のある聴覚障害児へのそれぞれのニーズに合わせた支援を行うにあたり，彼らが生活・学習の中でどのような困難をもつのか，困難に対してどのような手立てが有効であるのかをより具体的に示すことが必要であると考える。

　そこで本研究では，聾学校における類型化研究（研究2-1-2）で抽出されたクラスタの中から典型例を取り出し，彼らの困難について具体的に示し整理すること，さらに継続的な教育的支援によってどのような変容があったのか，また変化の現れにくい課題は何であるかを整理することを目的とする。

　手続きとしては，聾学校での類型化研究（研究2-1-2）を受けて，各因子得点が平均±1SD程度にあり，かつ現在，筆者らが隔週で行っている発達障害のある聴覚障害児への指導会で継続して支援を行っている事例3例を抽出した。なお，指導会では45分間の個別指導と，45分間の集団活動の両方を行っている。保護者や担任との連携にも取り組んでおり，その様子についても報告する等，連携している。

4-2．事例

4-2-1．アスペルガー症候群の診断を受けている事例（第1クラスタ）

4-2-1-1．a児のプロフィール

　第1クラスタの中から，1事例（以下a児とする）を抽出した。a児の各因子の因子得点と，第1クラスタの各因子における平均因子得点とを比較する。a児の因子得点は「言語」-0.17,「対人関係・こだわり」2.35,「多動・衝動性」0.74,「計算」-0.68,「不注意」-1.04 であった。また，第1クラスタの平均因子得点は「言語」0.54（SD=0.92）,「対人関係・こだわり」2.67（SD=1.14）,「多動・衝動性」0.13（SD=1.53）,「計算」0.04（SD=1.09）,「不注意」-0.06（SD=1.16）であった（図7-1）。

　「多動・衝動性」因子についてはa児の方が困難度が高かったが，その他の「言語」,「計算」,「不注意」因子では困難度が低い様子が見られた。第1クラスタの最も特徴的な因子である「対人関係・こだわり」ではa児の方が若干困難度が低かったが，全体的な傾向は類似し，またどの因子も平均±1SD以内の値であった。

　a児は現在聾学校小学部6年に在籍する男児で，小学部2年生時に医師からアスペルガー症候群の診断を受けている。裸耳平均聴力レベルは右耳94dBHL，左耳89dBHLであり，最も確実なコミュニケーション手段は手話だが，表出時には口話のみを用いようとする様子も見られる。WISC-Ⅲ（2008年，小5時）ではPIQ111，VIQ98，FIQ99で，教研式読書力診断検査（小学校中学年用）では小学部4年1学期の実施で読書力学年は3年2学期と1学年以内の遅れであり，言語能力は聴覚障害故の困難さはあるものの，極端な遅れは見られなかった。一方で知っている語彙には偏りが見られ「毒，死，き

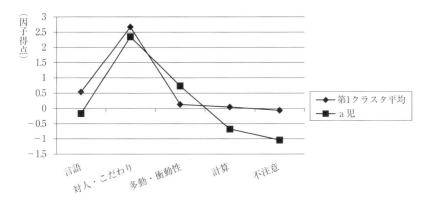

図7−1．a児と第1クラスタの因子得点

のこ，深海魚」等に興味があり，詳しい知識を持っており，それについて一方的に話すことがあった。また難しい単語をよく知っておりたくさん話しているものの，状況や相手の感情に配慮することが難しく，言語力に見合った程度であっても冗談や比喩が理解しにくいなどの面があった。支援開始時（2006年，小3時）の保護者からの報告では，「幼稚部頃は嫌なことがあるとロッカーの上等に登ってしまうことがあった。2年生ぐらいまでは友達とのトラブルが絶えず，相手にけがをさせてしまうこともあった。3年生になったことを機に，一人で電車通学ができるように社会性やマナーを身に付けてほしい」とのことであった。表7−1に指導開始時の具体的困難をまとめた。

4−2−1−2．a児への支援の様子と結果

2006年12月（小3時）から2009年11月（小6時）までの毎回の支援記録を基に，約3年間の支援のねらいの変化とa児の様子の変容をまとめた。毎回の支援目標は保護者や担任教員からの要望をききながら，児童の様子に合わせて設定した。

支援に際しては，聴覚障害のあるa児にとって最も通じ易いコミュニケー

表7-1. a児の指導開始時の具体的困難

対人関係・心情理解	人との適切な距離感がつかめず，気に入った相手に極端に近付いてしまう
	相手に集中して話を聞くことが難しい
	読み書きは比較的得意 ⇔ 文章の要点を読み取ったり，因果関係を理解したりすることは特に苦手
	文章や絵から人物の心情を読み取るのが苦手 ⇒ 丁寧に説明すれば詳しいところまで理解する力がある
	難しい単語をよく知っておりたくさん話す ⇔ 状況や相手の感情に配慮することが難しい
	冗談や比喩が理解しにくい
こだわり	特定のもの（毒，きのこ，深海魚等）に強い興味があり，それについて一方的に話す
	自分なりのルールにこだわることがある ⇒ 新しいルールを言語化して提示すると守りやすい

ション手段であった手話を使用し，またa児の言語力に合わせて使用文章・語句レベルにも配慮した。また，動画等の視覚教材も使用し，内容理解の促進と興味の継続について配慮した。同時に，指導内容についてはアスペルガー症候群からくる社会性の困難について特に取り上げて支援することで，聴覚障害とアスペルガーの両面へ配慮した支援を行った。

＜06年度　小3時＞

年度当初はアセスメント等を行い，12月より継続指導を開始した。同時に，年間の長期目標を立てて指導を行った。その中で06年度から08年度6月（小5時）については指導段階及び各指導での質問項目を「適切な行動・マナー理解」，「事実・状況理解」，「心情理解・共感性」の三層で段階的に整理し，a児の反応を「理解できている：2点」，「概ね理解できているが十分でない：1点」，「理解できていない：0点」で評価した。

a児は自分なりのルールにこだわることがあるため，イレギュラーな場面

になった際に臨機応変に対応するのが苦手という面があり，保護者から「一人での電車通学開始に向けて，マナーやトラブルの対処方法について整理してほしい」との要望があったことから，それを長期目標に設定した。また，指導段階としては「適切な行動・マナー理解」を中心課題とすることとした。

毎回の指導では，パワーポイントを活用した教材を自作し，各課題場面を示し選択課題やワークシート課題を行った。具体的な指導内容と質問例を表7-2に示した。

初回指導は教材の提示方法の確認のために，交通ルールなどすでにa児が理解していると思われるものを課題とした。PC動画を活用した教材はa児の興味を引き，すぐに正解することができ，正答率は100%であった。このことから，聴覚障害による聞こえにくさにアスペルガーのあるa児にとってPC動画を使った教材は有効であると思われ，次回からも継続することとした。次回からは，より状況理解が必要な課題として「席を譲る/譲られる」，「電車内で友達と会ったら」等，状況によって適切な行動が異なってくるもの，相手の心情理解や自分の気持ちのコントロールが必要なものを取り上げた。初めは課題場面を理解することに曖昧さがあったが，動画と手話を活用することで理解が見られ，正答率も徐々に上昇した。動画では登場人物の気持ちを言語化して明示する［例：赤ちゃんを抱いたお母さんに席を譲ってあげた場面で「お礼を言ってくれてうれしいな」という吹きだしを出す（図7-2）］など，心情理解に課題のあるa児にとって分かりやすいように工夫したり，

表7-2．小3時指導内容

	テーマ
12/2	交通ルールを守って学校へいこう
12/23	電車内でお腹が痛くなったら
	席を譲る/譲られる
1/20	急に電車が止まったら
2/17	友達と一緒に電車に乗っている時
3/3	帰り道には誘惑がいっぱい（寄り道，買い食い）

図7-2. 電車でのマナーパソコン教材例

イレギュラーな場面についても知識として整理することで，あわてず対処すればいい事を確認していった。また，適切な行動に対しては選択肢があれば正しく選択することができたが，自分で考えて意見を述べることは難しく，また誤った行動に対しても「止めればいい」ということは理解できるものの，相手に謝ったり，代替行動を思いつくことはできなかった。そういった場合は，適切な行動を示し，ロールプレイで練習するなどした。また，家庭でもこういったルールを携帯できるようにまとめたサポートブックを作成していく等の連携をとりながら支援することができ，一人通学は大きなトラブルなく開始することができた。各回の「適切な行動・マナー理解」についての正答率を図7-3に示した。

＜07〜08年度6月 小4〜小5時＞
　a児は状況に応じた行動を言語化し，知識として整理することは良くでき

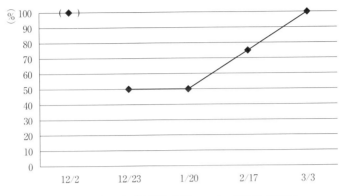

図7-3．小3時「適切な行動・マナー理解」正答率

たが，普段の生活状況の中で相手の気持ちを推し量ることには苦手さがあった。また，保護者から「文章を読んで状況をイメージできるようになってほしい」との要望があったことから，文章読解を使った課題を用い，「文章からの状況イメージ」及び「文章と動画を見て登場人物の心情を理解する」ことを長期目標とした。指導段階としては「事実・状況理解」，「心情理解・共感性」を中心課題とした。

07年度から東京工科大学の協力を得て，フラッシュソフトを用いたPCアニメ教材を活用することができた（山田，2009a; 2009b）。指導の基本的流れは，①文章音読（手話併用），②プレ読解問題（事実や状況の確認），③アニメ教材（必要があれば紙ベースの教材も使用）での状況や心情の確認，④ポスト読解問題（心情理解）であった。毎回の具体的な指導内容を表7-3に示した。

登場人物の確認や「～したのは誰？/いつ？」等の本文に直接答えが書いてあるような事実の確認についてはすぐに正答率が上昇し（図7-4），後半は質問しなくても内容理解がスムーズであった。また，a児は全般的言語力に比して比喩表現や嫌味，本音とは違うセリフなどの理解が難しかったが，アニメを活用し，例えば「暗い気持ち」の時に人物の表情が暗くなったり背景が暗い色になる，心の中のセリフ吹き出しも示すという工夫で徐々にイメージ

表7-3. 小4〜5前期指導内容

	テーマ
6/16	発表して間違えた子が笑われて落ち込む
7/7, 7/21	嫌なあだ名をつけられ悩む男の子
9/1	寝像の悪い妹に布団をとられる
9/15	妹は100点のテスト，僕は…
10/20	新しい服を買ってもらった友達への一言
11/17	サッカー観戦中にお互いのチームの悪口を言う
12/1	遊ぶ約束に「いけると思う」と答えてすれ違う
2/16	財布が落ちているのを見つけたA〜Dさんの考えと表情
3/15	雪国に桜が咲いたことに気づいてほほ笑む親子
4/26	大縄跳び大会でリーダーになったけれど…
5/17	借りたはずの本を別の子が持っているのを見つけて
6/14	学校の七不思議，確かめたいけど，やっぱり怖い

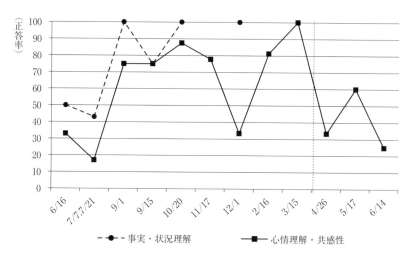

図7-4. 小4〜5前期正答率

をつかむことができた。a児自身も「アニメがあった方が分かりやすい」と評価していた。一方，指導当初は，PC上で表情選択課題（図7-5）を行ったり，相手の気持ちやなぜそのような気持ちになっているのかを考えることは

図7-5. PC 表情選択課題例

難しかった。「嬉しい」「悲しい」など大枠は分かるものの、詳細まで深めることができなかったり、「僕だったら〜する」と自分の経験から離れることが難しかったりした。状況理解が難しいときにはa児の経験に沿った話をすると理解しやすいようだった。

　このような指導を重ねることで、「心情理解・共感性」に関する質問の正答率も徐々に上昇したため、08年度からは目標設定は同様のまま、葛藤場面や妥協場面等、より複雑な課題設定をして読解問題を行った。結果、一義的な感情まではスムーズに理解できるものの、その奥にあるような感情まではくみ取ることができなかったり、「模範解答」として答えている様子があり、十分な心情理解まで至ることができず正答率が減少した。また、自身の経験や考えと文章中の内容とを引き離して考えることができないことも時折見られた。一方、表情選択課題などは07年度と比べて、自分でじっくりと考えて正答することができるようになってきた。

＜08年度7月～3月　小5時＞

　小学部5年生になり，通常学校の副籍校との直接交流を開始することとなった。それに当たり，保護者より「聞こえる友達と伝わらなかった時に，どうすればよいか等，直接交流に向けてサポートしてほしい」との要望があった。そこで副籍校で起こりうるトラブル場面を想定し，それに対して複数の選択肢を用意し，それぞれを実行するとどのようになるのか，どれが最も適切な行動であるかを確認し，それらをまとめたサポートブック（及びカード）を作成した。毎回の具体的な指導内容を表7-4に示した。

　a児は聞こえる人と伝わらない時には「書けばいい」とわかっていたものの，課題場面において実際何を書けばよいかは迷ってしまい，伝えたいことを手話等で確認しながら練習することが必要であった。作成したサポートブックは学校，家庭にも同様のものを渡し，共通して使用することができた。結果，サポートブックを示されれば自分で気づいて行動することができるものの，何もない場面では気づかずに行動してしまい，大人が直接支援することが多く十分な般化には至らなかった。

　また，08年度前半の葛藤・妥協場面の読解を実施する中で，文章や動画か

表7-4．小5後期指導内容

	テーマ	支援・教材例
7/5	副籍校の友達に伝わらない時，わからない時	サポートブック作り，ロールプレイ
7/19	相手が話している時に急に話し出してしまうと①	サポートブック作り
9/6	相手が話している時に急に話し出してしまうと②	アニメで確認，ロールプレイ
10/4	聞こえる人に「書いて」伝えよう①	アニメで確認，「書く」練習
11/1	聞こえる人に「書いて」伝えよう②	アニメで確認，様々な場面で練習
11/29	「サプライズパーティ」での悪意のないうそ	アニメ様々な状況での吹きだし作り
12/20	結果から原因を想像しよう	3コマ目が空欄の4コママンガ
1/17	自分の考えと他者の考えの違いに気づく①	マンガコマ並び替え，担当との意見交換
1/31	自分の考えと他者の考えの違いに気づく②	マンガコマ並び替え，担当との意見交換
2/14	自分の考えと他者の考えの違いに気づく③	状況絵，担当との意見交換
2/28	自分の考えと他者の考えの違いに気づく④	主人公あり状況絵，○/×で判断しない
3/14	自分の考えと他者の考えの違いに気づく⑤	ランキングの想像，多数派/少数派

らだけではまだ十分な理解が難しい様子であったことから，心情理解により焦点を当てた課題を実施することとした。「自分の考えと他者の考えとの違いに気づく」事をねらいとして支援担当者との意見交換等を行った。初めは，担当者と自分の意見が異なる部分があると，「お姉さんは答えを知ってるからそっちの方が正しい，僕のは間違ってる」と言って正誤で判断してしまうことが見られた。正誤がつかないような設定を工夫して同様の課題を繰り返す中で，徐々に「僕はこう思ったけど，お姉さんは違ったんだね」と違いを受け入れられるようになってきた。

また，様々な人物が載っている状況絵を使ってa児と担当者がそれぞれお話を作ったり，気になった所を発表しあって違いを見つける活動を行った。a児は初めに注目する部分が独特であり，そのことについて自分が「少数派」であることを意識することが難しかった。例えば，プールで大勢の人が遊んでいる絵を見て，一番初めに注目した部分は絵の端の方にある「排水溝」だったり，教室に男の子が遅刻して入ってきて先生に睨まれている絵を見て，人物ではなく「黒板に書いてある計算式」に注目したりしていた。次に主人公のある絵を使って同様の活動を続けたところ，やはり主人公以外に意識が向き，注目する個所には独特さが見られた。

「みんなとは違う自分の意見があっても良いが，他のほとんどの人は違うように感じることもある」ということを理解することに困難さがある様子だったことから，自分の意見は置いておいて一般的な意見を想像することをねらいとしてランキング当て課題（図7-6）を行ったところ，a児は自分の意見と同様にみんなも考えているはずだと言い，ねらいの達成は難しかった。

＜09年度　小6時＞

09年度では「状況に応じた適切な行動をとれる」ことを年間のねらいにし，大分して四種類の課題を行った。4～6月に，一つの場面に対して2～3つの状況条件文を説明し，その時にどのような行動をとるかを選択式で答えさ

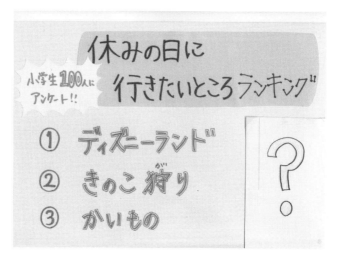

図7-6．ランキング当て教材例

せた（以下，「状況条件文課題」とする）。自分ならどうするかは置いておき，提示された条件の中でどのようにすることが適切なのかを考えることをねらいとしていた。具体的には「おじいちゃんの家に遊びに行きます。お土産を何にしようか？」という場面を設定し，「①おじいちゃんは甘いものがあまり好きではない，②おじいちゃんは入れ歯をしている」という状況条件文を確認し，「a) せんべい，b) チョコレート，c) ポテトチップス」の選択肢の中から最も適切なもの（この場合，c) ポテトチップス）を選択できるよう支援した。

5～7月には，4コマ漫画の4コマ目を空欄にしたものを使い，それまでのコマに示された絵から状況を読み取り，適切な4コマ目（問題解決場面）を選択式で答えさせ，その理由や心情についても質問をした（以下，「状況読み取り課題」とする）。また，状況が少しだけ違う課題を対にし，それぞれに対応できるかもみた。具体的には「電車に傘を忘れてしまった時」と「電車に財布を忘れてしまった時」という状況で，前者は「仕方がないのであきらめる」，

図7-7. 仲介課題教材例

後者は「駅員さんに言って探してもらう」を選択するもの等であった。

　7月〜11月には、いずれにも言い分があるような二人が言い争っている場面を提示し、a児に二人を仲直りさせるためになんと声をかければいいかを考えさせる課題を行った（以下、「仲介課題」とする）。具体的には「ビデオの録画を頼んでいたが、野球中継が延びて目当ての番組が映っていなかった」というものなどである（図7-7）。仲介課題ではワークシートを作成し、①事実・状況の確認、②Aくん、Bくんそれぞれがなぜ怒っているか、どこが悪かったか、どこを直せばよいか（問題理解）、③どのように声をかけて仲直りさせるか（解決方法）を段階を追って確認していった（図7-8）。以上3課題は、順に次の課題に前の課題のねらいを包括しており、継続的なねらいをもって行った。

　また、9〜11月には一つの状況においてなるべく多くの解決策を考える課題（以下、「解決策列挙課題」とする）も行った。具体的には、「高いところあるものを取りたいけど届かない時に、どうしよう？」として、「椅子を持ってくる」、「棒を使う」などの解決策をできるだけたくさん挙げさせるものであっ

表7-5．各課題と毎回のテーマ

	状況条件文課題	状況読み取り課題	仲介課題	解決策列挙課題
4月25日	おじいちゃんへのプレゼント，他2問			
5月16日		家の用事/自分の用事で早く帰りたい，他3問		
5月30日	雨が降ってきた，他3問	注文と違う料理が出てきた/料理に異物が入っていた		
6月20日	捨て犬を見つけた，他2問	電車に傘/財布を忘れた		
7月4日		自分の物/友達の物をなくした，他2問	リレーで負けてしまった	
7月18日			廊下を走ってしまった	暑いとき，他1問
9月5日			わざとではなく作品を壊した	クーラーが強いとき，他1問
10月17日			録画を頼んだのに失敗していた	注目を集めたいとき，他1問
10月31日			起こしてもらえず寝坊した，他1問	手の届かないところにボールが落ちたとき，他1問
11月14日			デリカシーのないことを言われた	迷子になってしまったとき

た．この課題では初めはヒントなしで考えさせ，その後ヒントを提示して更に列挙できるかを評価した．それぞれの課題のテーマの一覧（表7-5）と正答率（表7-6）を示す．

「状況条件文課題」では，正答率が十分に上がらない様子が見られた．実際の様子としては初めのころは条件文に則った行動よりも，「自分だったらこ

表7-6. 各課題の正答率

	状況条件文課題（％）	状況読み取り課題（％）	仲介課題（％）	解決策列挙課題（個/問）	
				ヒントなし	ヒントあり（なしと合わせて）
4月25日	33				
5月16日		88			
5月30日	75	100			
6月20日	50	100			
7月4日		63	50		
7月18日			100	3.5	6.5
9月5日			100	4	6
10月17日			83	5	7
10月31日			100	5	6.5
11月14日			100	4	6

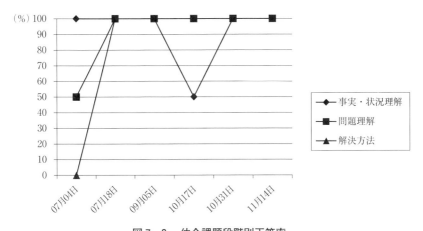

図7-8. 仲介課題段階別正答率

うする」という意見の方を回答してしまう様子が見られた。a児自身の意見を聞いた後に，再度「aくんだったら，そうするんだね。じゃあ，もしこういう（条件の）人がいたら，どうすると思う？」と聞くと答えられることが多く，一度自分の意見を話してからの方が落ち着いて考えられる様子だった。繰り

返していく中で自分の意見を置いておいて，条件に従った行動を選択できるようになってきた。しかし一方で，自分が特に興味があるものは条件文との折り合いをつけることができなかったり，「面倒くさいから○○すると思う」といい，正答に至れないものもあった。

「状況読み取り課題」では，課題の状況を絵の中から正しく読み取ることができ，正答率も高かった。一方，ここでも自分の好きなものへ強くこだわる様子が見られ，状況は正しく読み取れていても適切な行動が選べない様子が見られた。

「仲介課題」では，初めはどちらかが100％悪く，どちらかは全く悪くないと考えてしまい，「仲介」に至ることができなかった。a児の経験に照らし合わせて説明することで課題状況をつかむことができ，次回からは課題意図を良く理解して取り組むことができた。ワークシートを用いて事実，問題，解決方法と順に整理していくことも効果的で，正答率も高かった。

「解決策列挙課題」では，当初は問題の難易度は易しいものであったがヒントがないとなかなか思いつくことができなかった。ヒントカードを使うことで「ああ，こういうのもあった！」と気付いていく様子があり，回数を重ねるごとにスムーズに状況をイメージし，多くの解決策を挙げることができるようになっていった。一度考えるストラテジーができると同様の課題はスムーズに行うことができる様子が見られた。

4-2-1-3．a児への支援効果と課題

アスペルガー症候群のある聴覚障害児a児への指導を行うにあたり，a児にとって確実なコミュニケーション手段を模索・確立することは基礎的かつ重要な要因であったと思われる。状況に応じた行動がとれる前提として，会話等の事実内容が十分に把握できることが必要であるが，そのベースに聴覚障害があるa児にとって十分な情報保障がされているかを確認する必要がある。また，子どもの表出を大人が理解できる手段であると同時に，大人が意

図した課題を実施させるための意思伝達ができる手段であることも重要であった。

　3年間を通して相手にけがをさせたり，パニックになるようなことは全くなくなった。また，○/×がはっきりしているようなものなど知識として整理しやすいものはa児にとって理解しやすく，また行動にも般化しやすかった。これは聴児における高機能広汎性発達障害の特徴（鳥居, 2009）と一致した傾向であり，発達障害としての特徴は聴覚障害児であっても同様であることが示唆された。このように状況に応じた行動バリエーションを知識として蓄えていくことは有効であったと考える。

　心情理解課題では大枠の理解はできるようになってきたものの，複雑な感情や感情の理由まで深く理解することはまだ難しい様子が見られる。自身の経験と照らし合わせて考えると想像しやすい様子なので，今後様々な生活経験を積んでいくことも重要であると考える。また，3年間を通して語彙力や文章力が身についてきた面もあり，文章中における心情理解が伸びてきたことに影響しているのではないかと考える。言語力に著しい遅れのないa児ではあったが，聞こえにくさからくる若干の言語発達の遅れは見られ，アスペルガー症候群に起因する社会性の困難への支援を行うにあたっても教材文の語彙・文章レベルや教示には配慮が必要であった。こういった配慮については従来の聴覚障害児教育の中で培われてきたものを十分に活用していくことが求められると考える。

　状況把握においてa児の注目する点には独特さがみられ，このことから誤った状況判断をしてしまうことや，言語力の不十分さから状況を適切に読み取れず，場に合わない判断をしてしまうことがあった。一方で状況を適切に理解できた時は，それに合わせた適切な行動をとることができるようになってきた。今後生活経験を重ねること，語彙力を伸ばしていくことで更に理解を進めていきたい。

　自分の思っていることと周りの人が思っていることとは必ずしも同じでは

ないことは頭では理解しているものの，自分が特に興味のあることについては譲れなかったり，状況と折り合いをつけることはまだ難しいようだった。同じような場面設定で少し状況が違うような場面でも，その変化に合わせて行動も変化させることに不十分さが見られた。○/×がはっきりしているものや，一対一対応しているものは支援し始めて比較的早く理解できたことに比して，困難さが残ってしまう様子が示唆され，今後の課題であった。妥協課題で行ったように，順を追って思考を整理していくことで理解が促進される様子が見られたことから，普段の生活の中でトラブルが起こった場合も，最終的な「正解」だけを教えるのではなく，そこに至る状況や理由を一緒に確認していくこと，トラブルを解決するために，何をどう考えると良いのかという，思考のストラテジーを構築させることが効果的であると考える。

　また，高学年になり，友人間での会話や人間関係が複雑になる中で，論点がずれてしまったり，周りと同調できずに他の児童に注意されたりする様子が見られるようになってきた。自分の判断と他者の判断が異なることがあることには気付けるようになってきたので，自分の意見を言っても良い場面を判断したり，周りの人の意見を想像できるようになることが今後の課題である。また，聞こえにくさのあるａ児がより良い人間関係を築いていく上で，相手に合わせて変化するコミュニケーション環境を自ら調整する必要がある。例えば相手が手話の通じる人なのか，通じない人であればどういった手段をとる必要があるのかを考え，実施する力が求められるが，状況判断にも苦手さのあるａ児にとっては難しい課題であると思われ，今後の重要な指導課題になると思われる。同時にａ児のみでなく，周囲の理解やサポートなど，環境調整も必要であると考える。

　また，今後ａ児自身に聴覚障害だけでなくアスペルガー症候群という障害についても，自己の障害認識を深めさせる活動を検討していく必要があると思われる。

4-2-2. 音読に特徴的な困難のある事例（第2クラスタ）

4-2-2-1. b児のプロフィール

　第2クラスタの中から2事例を抽出した。まず本項ではb児について検討する。b児の各因子の因子得点と，第2クラスタの各因子における平均因子得点とを比較する。b児の因子得点は「言語」0.74,「対人関係・こだわり」-1.11,「多動・衝動性」-0.58,「計算」0.49,「不注意」0.61であった。また，第2クラスタの平均因子得点は「言語」0.59（SD=0.93）,「対人関係・こだわり」-0.08（SD=0.81）,「多動・衝動性」0.05（SD=0.87）,「計算」0.92（SD=0.72）,「不注意」1.28（SD=0.96）であった（図7-9）。

　「言語」以外の因子は第2クラスタ平均より良好な値であった。特に「対人関係・こだわり」の値は第2クラスタ平均より-1SD以上低い値でより良好な状態であった。一方，「言語」因子は第2クラスタ平均より困難度が高く，b児は第2クラスタの典型例中でも「言語」により苦手さを持つタイプであることが示された。

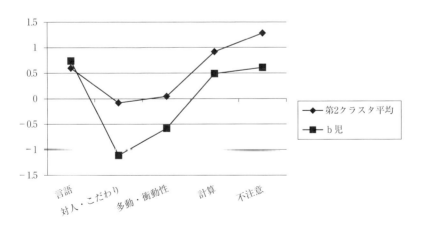

図7-9．b児と第2クラスタの因子得点

b児は現在，聾学校中学部1年に在籍する男児で，支援開始時（2006年4月）は小学部4年生であった。一側性難聴で裸耳平均聴力レベルは右耳34dBHL，左耳100dBHLで，補聴器装用時平均聴力レベルは右耳19dBSPLで左耳は非装用であった。b児は小学3年生までは近隣の難聴通級指導教室に通級しながら公立通常小学校に在籍していた。一対一でのコミュニケーションは聴覚活用しながらの口話で特に問題はなかったものの，学力面で困難を感じたため，4年時から聾学校へ転校した児童である。なお，主なコミュニケーション手段は口話であるが，聾学校に転入してからは手話を覚え，周りの子どもたちと十分豊かに会話ができる程度になっている。WISC‐Ⅲ（2007年9月，小5時）ではPIQ101，VIQ76，FIQ87，K-ABC（2006年4月，小4時）では，継次処理尺度60，同時処理尺度84，認知処理尺度72，習得度尺度69，非言語尺度85で，継次処理は同時処理よりも有意に得点が低かった（1％水準）。支援開始時（2006年4月，小4時）の母親からの報告では，「音読に特に困難を持っており，文字や言葉を飛ばして読む，文末を変えて読むことがある，スムーズに読めずにつまる。算数では九九の覚え間違いが多く，くり下がりのある引き算が苦手で，計算式を教科書からノートに写す間に間違えてしまうことがある。また，物事に取り掛かることに時間がかかることがあるが，一度集中できれば問題は見られない。体を動かしたり，工作をすることが好きで，通常小学校でも友人関係は良好であった。一方学習活動等では自信がなく，消極的な態度も見られる。難聴通園施設等に通いながら，3歳ごろからきこえ以外の困難があるのではないかと不安を感じることがあり，生活力には問題がないにも関わらず，学習が定着しなかったことなどからLDを疑いだし，医療機関を訪れたものの医師から『LDが疑われるが，聴覚障害があるのではっきり診断を出すのは難しい』と言われたことがあった。」とのことであった。

　以上より，b児は情報を継次的に処理することや短期記憶に苦手さを持っていること，b児の持つ認知能力に比べて学習の積み重ねができずにいるこ

表7-7. b児の指導開始時の具体的困難

国語・言語	スムーズな音読ができない ⇒逐字読み，読み間違い，勝手読み，詰まる，繰り返し読み等
	話している内容の割に語彙が少ない，定着しない
	知っている単語もすぐに出てこないことがある
	会話の中では答えられることも，プリント等になると書けない ⇒読解問題が苦手
	「b/d」，「p/q」等がなかなか覚えられない ⇔視覚処理に著しい問題は見られない
その他学習面	九九の覚え間違いが多い
	板書などをノートに書き写す間に間違えてしまう
	繰り下がりの筆算が苦手
	学習への苦手意識が非常に強い

とが示唆された。また，b児は図形模写課題には問題がなく，またWISC-Ⅲ，K-ABC検査時にも視覚処理による困難さは見られなかった。一般的認知能力には問題はなく，文字と音の一対一対応はできているものの，文字を読むときに頭の中で音を想起し，変換するという音韻の操作に特別な困難を持つことが予想された。なお，自由発話場面では言い淀んだり発話しにくそうにするなど，非流暢になる様子は見られなかった。b児の具体的困難について表7-7にまとめた。

4-2-2-2．b児への支援の様子と結果

2006年6月（小4時）から2008年3月（小6時）までの毎回の支援記録を基に，約3年間の支援の様子とその変化についてまとめた。b児への支援はその音読の困難さに焦点を当て，「流暢に音読できる方略の検討」と「フラッシュ教材（PC画面上に提示された文字列をできるだけ早く読む教材）による文字から音への変換のスムーズ化」を大きなねらいとした。

支援当初，間違い探しなどのゲームや集団遊びには積極的に楽しんで参加

するものの，なぞなぞなどのごく短い文章であっても音読することに非常に強い拒否反応を示した。音読の様子としては，読み誤る，単語などのかたまりではなく一文字一文字読む，文の区切れを不自然なところで区切るなどが見られた。そこでa児の好きな工作を用い，作り方を書いた物を一緒に読むことから始める，課題が一つ終わるごとにシールを貼っていくなどすることで少しずつ音読を扱った課題に取り組むことができるようになってきた。この様に課題への意欲が出てくるのを待ってから具体の支援を開始した。

1) 流暢に音読できる方略の検討

　2006年度（小4時）は，b児が最も流暢に音読できる方法を検討することを目的として支援を行った。なお，b児は一側の難聴は軽度であり，普段聴覚障害児と関わったことのない初対面の人が聞いても十分に聞き取れる程度に発話自体は明瞭であった。

　音読の方法として，一人で支援を受けずに音読する「一人読み」，音読材料を文節ごとの分かち書きにしたものを音読する「分かち書き」，厚紙に細長い穴を開けて音読材料が一行ずつ見えるようにした一行定規を使用しながら音読する「一行定規読み」，音読文の助詞を色ペンで囲み，印をつけたものを音読する「助詞丸付け書き」，実験者がb児に先立って文の区切りのよいところまで音読し，その後b児に本文を指でなぞらせながら繰り返し音読させる「先行読み」の5方略を用いて，同程度の文章（32～40文節，文節途中で改行しないようにし，漢字には読み仮名を振った。図7-10参照）を音読させ流暢率（流暢に読めた文節数／全文節数×100）を比較した。結果，それぞれの流暢率は，一人読みで45.7％，一行定規読みで55.0％，分かち書きで65.8％，先行読みで89.2％，助詞丸付け書きで59.4％と，最も流暢に音読できる方略は先行読みであることが示された（図7-11）。

　また，音読課題に取り組む中で，音読時にb児が自ら音読に合わせて膝や机を軽く叩いてリズムをとる様子が見られた。リズムを取っている間は流暢さが上がる様子が見られ，これはb児が一人でも効果的に活用できる方略で

ジャックは、豆のつるにとびつき、
するすると登りはじめました。
つるは、どこまでもどこまでも
伸びています。
やがてジャックは、雲をつきぬけました。
それでもまだまだ登っていくと、とうとう
空の上に出てしまいました。そうして、目の
前に伸びている道を歩いていくと、大きな
家がありました。

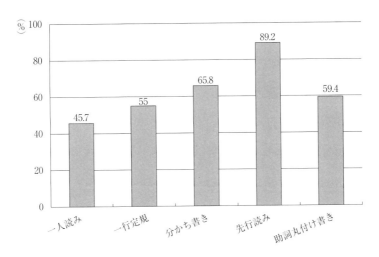

図7-10. 音読材料例

図7-11. 音読方略と流暢率

あった。

次に，元になる文章と，それを文章中の単語等を難易度が大きく変わらないように変更して作成した文章とを用いて読解問題を作った。学習効果のな

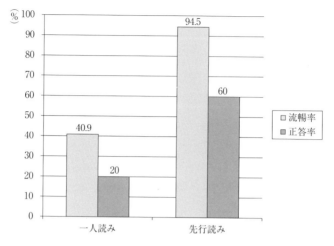

図7-12. 音読方略と流暢率

いよう日を開けて1回1問ずつ，1問は一人読みで，もう1問は先行読みで文章を音読させ，その後読解問題に取り組ませた。それぞれ流暢率と正答率を求めたところ，一人読みの流暢率は40.9%，読解正答率は20.0%であった。同レベルの文章を先行読みで読ませたところ，流暢率は94.5%であり，読解正答率も60.0%とどちらも一人読みの時より成績が良かった（図7-12）。先行読みによって流暢に読めている時は読解の正答率も高くなり，効果的に学習を進められることが示された。

2）フラッシュ教材を使用した支援

　読み障害の原因の一つとして音韻処理障害仮説が提唱されている（高橋, 2005）が，b児の音読の苦手さにも文字を音韻に変換する際に時間が掛かることが原因として予想された。そこで音韻への変換に直接的にアプローチする教材としてPCのフラッシュソフト（山田ら, 2009b）を活用した教材を作成し，2008.6～2008.11に支援を行った。教材はPC画面上に表示されるひらがな2～5文字の有意味語もしくは無意味語（それぞれ任意に設定できる）をb児に音声で読み上げさせ，音読し終わったと判断した時に支援者が操作して

第 4 章　201

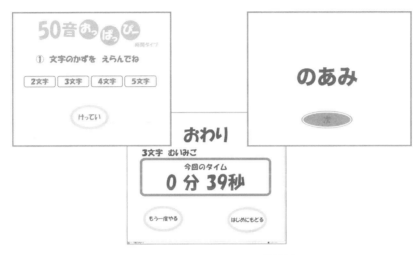

図 7-13. フラッシュソフト教材例

次の単語に移るということを 30 単語分を 1 セットとして行うものである（図 7-13）。なお，1 セット終了すると画面上に所要時間が表示され，それを毎回 b 児と共に記録していった。

　初めに 2 文字（清音のみ）の有意味語及び無意味語での学習を行った。なお，夏休み期間には保護者の協力を得て自宅でも実施をしてもらった。結果を図 7-14 に示す。有意味語では最長 45 秒かかっていたものが最短 26 秒まで，19 秒間の短縮が見られた。無意味語では最長 65 秒かかっていたものが最短 40 秒まで，25 秒間の短縮が見られた。有意味語の方が所要時間は短く，また有意味語，無意味語ともに時間の短縮がみられ，無意味語の方が短縮時間が大きかった。

　継続して，3 文字（清音のみ）の有意味語及び無意味語でも学習を行った。結果を図 7-15 に示す。有意味語では最長 90 秒かかっていたものが最短 30 秒まで，60 秒間の短縮が見られた。無意味語では最長 163 秒かかっていたものが最短 57 秒まで，106 秒間の短縮が見られた。一時的な波はあるものの 2

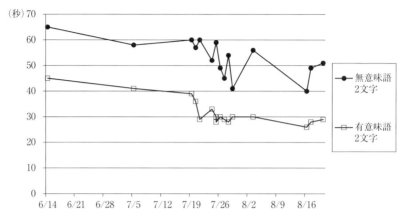

図7-14. b児フラッシュ教材音読所要時間2文字

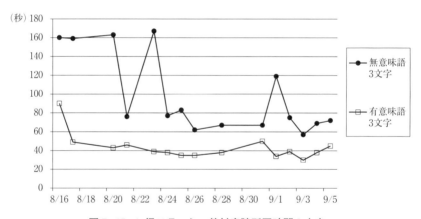

図7-15. b児フラッシュ教材音読所要時間3文字

文字と同様に時間の短縮が見られ，特に無意味語での時間短縮率は有意味語よりも高かった。有意味語の短縮率が緩やかであったことは始めからある程度スムーズに音読できていたことの影響が考えられる。

　続いて5文字（特殊音節含む）有意味語での学習を行った（図7-16）。文字数が増えたこと，特殊音節が混じることによって初回はかなり時間がかかり，

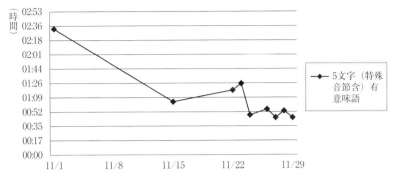

図7-16．b児フラッシュ教材音読所要時間5文字（特殊音節含）

読み誤りが多かったが，回数を重ねることで所要時間を最長155秒から最短55秒まで100秒間縮めることができた。

　フラッシュソフトを用いた本支援終了頃の2008年11月に2006年度に流暢率を検討した際と同じ文章をなんの支援もなく一人で読ませたところ，当初は40.9％であったものが78.4％まで上昇しており，音読の様子の印象としても聞き取りやすく，自然に音読できるようになっていた。

4-2-2-3．b児への支援効果と課題

　音読に特に苦手さのあるあるb児に対し，流暢に音読できる方略の検討と音韻処理のスピードを速くするためのトレーニング教材による支援を行った。

　支援開始当初は音読への苦手意識が非常に強かったが，ゲームの中で取り入れる等工夫を凝らす中で徐々に落ち着いて取り組むことができるようになっていった。LD児はその学習上の困難から意欲や自己肯定感の低下という二次的困難を起こすことが少なくない（近藤, 2005）。課題に前向きに取り組めるように教材を工夫することは，その後の指導のために必要であった。またその際に，十分に通じるコミュニケーション手段を確認することも重要

であった。b児は当初，音声中心のやりとりであったが，周囲がうるさい状況では聞き取りが不十分となることが予想されたため，静かな個室で学習を行い，また文字や絵，はっきりとした発音などの補助手段も用いた。b児自身が徐々に手話を使用するようになってからは手話も併せて使用した。

　b児にとって最も流暢に音読できた方略は，支援者が先立って音読したものをb児に聞かせてから音読させる「先行読み」であった。読み障害の原因の一つとして音韻処理障害仮説が提唱されている（高橋, 2005）。音韻処理能力が低下した結果，読み能力に問題が生じるとしたものであるが，本研究では音韻処理の中の音韻的符号化に注目をした。音韻的符号化とは細川（2006）によると，「書字単語や表記されているシンボルなどの書記素を，音韻情報へ符号化すること」である。読み障害児における音韻的符号化に関して，特に呼称速度が単語読みの正確さや流暢性に影響を及ぼすと示唆されており（細川, 2006），文字から音に符号化することに時間を要することから，音読が非流暢になるとされている。b児は，文字から音へ符号化する必要がなくb児にとって処理負担の比較的軽いと思われる聴覚的な刺激を事前に入力しておくことで，文字から音を喚起することが促進され，音読が流暢になったと考えられる。一方で，b児は継次処理に困難をもつ側面もあるため，一度に聞かせる文章量が多いと記憶しきれず，効果が促進されない様子も見られた。そのため，b児が短期記憶に留められる程度の量で読み進めることが必要であった。また，その後保護者や教員から，先行読みで何度か音読を繰り返すことによって，一人読みをしても比較的流暢に読めるようになる様子が報告された。文章の内容を理解してくること，繰り返しによって音の喚起がスムーズになったことによると思われる。また，自発的に見られたリズム打ち（自分で一定のリズムで膝や机を叩く）によって流暢さが上がった理由として，リズムを打つことで音読速度が全体的にゆっくりになり，音の変換が間に合うことが予想できた。一人でできる方略でもあり，b児自身が積極的に取り入れていたことは音読への苦手意識を軽減する役割もあったようである。

また，流暢に音読できているときの方が読解の正答率も高くなった。音読することに負荷が大きすぎた場合，内容の理解にまで十分至れずに正答率が低くなっていたと考える。ｂ児の「読解」力を十分に評価するためにも，音読に対して必要以上の負荷が掛からない方略を用いることは重要であると考える。

　フラッシュ教材を用いた音韻処理トレーニングについては，課題の処理時間が減少し，また諸々の成長の影響は含みながらではあるが，一人読みであっても当初より流暢に音読ができるようになってきた。この教材は中学部に上がって困難が予想された英語（ローマ字，アルファベット）版も作成し，配布した。PC教材であるということでｂ児の興味を引き，また文字数などをカスタマイズできることも利点であった。今後，他の読みに困難のある児童生徒にも使用し，効果を検証していきたい。一方で，ｂ児は比較的難聴が軽いために音声の受聴を条件とする先行読み，フラッシュ教材が適合したとも考えられ，重度の聴覚障害児の場合どのように活用していくかは課題であると考える。

　以上のような支援を行うことで，音読の流暢さについて一定の効果を上げることができ，ｂ児のもつ困難さに対して発達障害的観点からアプローチをすることは有効であった。また，学習に自信を持つことで普段の生活でもリーダーシップを発揮したりと自己肯定感を高めることができ，保護者や教員からの満足度も高かった。一方で，初読の文章などでは特に，まだ非流暢さが残り完全に改善するものではなかった。最大限の能力を発揮するためのｂ児なりの方略を習得していくことが今後の課題であると考える。また，本研究では直接ねらいとしなかったが，語彙の定着の悪さは未だ課題として残っている。

　現在，ｂ児は聾学校中学部に在籍しているが，保護者を通じて中学校教員とも支援の方法について連携を取ることができている。正式な評価ではないものの，口頭での理解度確認を行ったり，音声も十分に活用して指導を行う

ように配慮を得ている。周囲の理解と環境調整をしながら，ｂ児なりの学習方略を習得していくことが今後の課題であると考える。

4-2-3．複数の項目を同時に扱う学習や不注意に困難のある事例（第2クラスタ）

4-2-3-1．ｃ児のプロフィール

第2クラスタからもう1事例（以下，ｃ児とする）を抽出した。ｃ児の各因子の因子得点と，第2クラスタの各因子における平均因子得点とを比較する。ｃ児の因子得点は「言語」0.31，「対人関係・こだわり」-0.89，「多動・衝動性」0.09，「計算」0.81，「不注意」0.81であった。また，第2クラスタの平均因子得点は「言語」0.60（SD=0.93），「対人関係・こだわり」-0.08（SD=0.81），「多動・衝動性」0.05（SD=0.87），「計算」0.92（SD=0.72），「不注意」1.29（SD=0.96）であった（図7-17）。

どの因子においても第2クラスタ平均よりｃ児の方が良好若しくは同等の

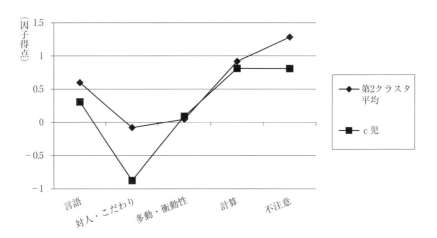

図7-17．ｃ児と第2クラスタの因子得点

値(±1SD以内)であり,全体的傾向も類似していることから,c児は第2クラスタの典型例であると言えた。また,個人内差を見ると「言語」よりも「計算」や「不注意」により困難がある様子が示された。先ほどのb児と同じ第2クラスタに該当はするものの,特に「言語」に困難のあるb児とは異なった特徴が見られた。

c児は現在聾学校小学部6年男児であり,2006年度小学3年生時より継続して支援を行っている。WISC-Ⅲ(2009年8月,小6時)ではPIQ89,VIQ80,FIQ82であった。裸耳平均聴力は右耳92dBHL,左耳94dBHLで,主なコミュニケーション手段は手話であった。

具体的困難としては,朝傘を差してきたかどうかが帰りには分からなくなってしまうほど忘れっぽい,物語文を読んでいて登場人物の心情理解は豊かにできるものの,例えば登場人物の名前などを問われると忘れてしまい答えられないことがある,一度に複数のことを扱うのが苦手で,暗算や繰り上がりのある筆算,時計の計算問題等を解くのが難しい,学習中の理解はできるものの定着せずにすぐに忘れてしまうなどが挙げられた。一方で,友人関係は良好で遊び場面ではリーダーシップを発揮し,低学年の児童の面倒もよく見ることができる。c児の具体的困難を表7-8にまとめた。

表7-8.c児の具体的困難

不注意	朝傘を差してきたかどうかが,帰りには分からなくなってしまうほど忘れっぽい
	失くし物が多い
	注意の転動が見られる
	最も使いやすいコミュニケーション手段である手話を使っても,取りこぼしが多い
	集団場面での読み取りが苦手
情報処理・記憶	理解したこともすぐに忘れてしまい,定着しづらい
	一度に複数のことを扱うのが苦手で,暗算や繰り上がりのある筆算等を解くのが難しい

4-2-3-2．c児への支援の様子と結果

　c児は，時計の時刻は読め，短針のみ，長針のみの変化も読み取ることができるものの，短針・長針の両方が動くと，何時間何分経ったか計算しきれなくなる様子が見られた。そこで短針・長針ともに動く時計の読み取りを目標として2007年5月（小4時）より支援を行った。

　支援開始に当たり，小4時はまず時間の問題に関して何が出来て，何が苦手なのかを確認した。結果，「午前」「午後」ということばの区分けがあいまいで逆に覚えていたこと，短針・長針両方が変化すると何に注目すべきか，何を数えていたかが混乱してしまうこと，時間の計算の問題で，長針がはじめどこにあっても「12」のところから数えてしまう（例えば8時15分から8時40分まで何分たったかという問題で「15」からではなく「12（0）」のところから数えて「40分経った」と答える）こと，複数の手続きが同時に必要な問題が続くと集中が途切れ易いことがわかった。小4時の毎回の様子を表7-9に示す。

　これらのことから，c児の支援に際し，支援の初めの時間に簡単なゲームや出来る課題からスタートし，「できた」と言う気持ちを積ませ，モチベーションをあげてから本課題に取り組むようにした。また，時計の問題に入る前にまず，c児の一日の活動を「午前」にすること「午後」にすることに分類して確認した（図7-18）。実際の生活と結びつけながら確認することで定着はスムーズであった。次に，「0」の位置確認と，短期記憶の補助のために，時計にホワイトボード用のペン（長針は青，短針は赤）ではじめの位置をマークして視覚的に残しておく（図7-19）などの手続きを踏みながら問題に取り組むようにした。頭の中に記憶しておくだけだと時計を操作しているうちにどれだけ回したのか分からなくなってしまう様子があったが，視覚的に残る印をつけておいたことで作業がスムーズで確実になることにより，以前できなかった長針短針の両方が動く問題も解くことができ，本人も自信を持った様

表7-9. 小4時の取り組みのまとめ

	内容	結果（正答率）
5月12日	時計の読み取り	時刻自体は読めるが、「午前」「午後」を逆に覚えていた
6月2日	「午前にやること」「午後にやること」の確認	生活場面を使いながら確認→スムーズに理解
7月7日	①短針のみ動く ②長針のみ動く ③両方動く	→100% →50%（計算ミス，指摘すると自分で直せた） →0%（いつも「12」から数えている）
7月23日	時計に印をつけながら7/7③と同問	100%
1月19日	「○時間○分後は何時何分？」	58%（前回同様，時計を用意したがあまり使わない→計算ミス）
3月15日	時計の文章題（パワーポイントで1文ずつ提示）	①「○分後は何時何分？」→100% ②「○分前は何時何分？」→0%（手順を分けて一緒にやればできた）

図7-18.「午前」「午後」の確認教材

図7-19. 時計への初めの位置マーク例

子であった。一方で，面倒くさがって実物の操作をやらないで計算ミスをしてしまう様子も見られ，正答率は一定しなかった。また，問題文を文章にして提示すると言語力の課題もあり，難しくなってしまうようだった。その際，手順を一つずつ分けて声かけをすると，それに合わせて丁寧に取り組み正答することができた。手順をスモールステップに分けて提示することで分かりやすくなり，また途中の手順を飛ばさずに取り組むことができ効果的だった。

　小4時に確認できた様子を基に，2008年度（小5時）も時計の指導を継続した。多様な形式の問題に取り組む中で一日が24時間であること，24時間で短針が2周すること，12時間表記と24時間表記（1時＝13時）の理解が曖昧であることが示された。昨年度の様子から自分の生活と重ねて確認することが効果的だと予想されたので，一日の生活を振り返りながらそれぞれ確認していった（4月～7月）（図7-20）。知識としてはすぐに理解し，時刻を問う問題はすぐに正答率を上げることができた。一方で，それらを使った時間の計算問題では計算ミスが目立ち，やり直しをしているうちに意欲が低下してしまう様子が見られた。そこで，昨年度より使用していた時計の操作について，

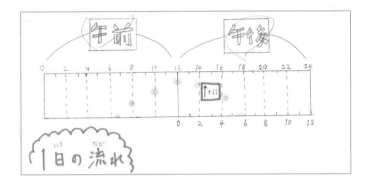

図7-20. 一日の流れの確認教材例

図7-21. 手順表①

手順表を作成し，毎回それを見ながらスモールステップで，一つ一つを確実に行うように促した（9月～11月）（図7-21）。また取り組む問題は「〇時〇分から〇時〇分までは何時間何分経ったか」という経過時間を問う問題であった。同時に，毎回時計の課題に取り組む前に「1日＝24時間」「1時間＝60分」などの知識を確認するようにした。途中，手順を勝手に省略してしまい計算ミスをすることはあったが，正答率が上がり一定していく様子が見られ効果的な支援方法であった。

　手順表を用いることで正答率が上がり，またc児自身もそれを見ながらであれば自分ひとりで問題が解けることに自信を感じている様子であった。そこで，次のステップとして徐々に支援を減らしていくことを考えた。手順表を書き換え，実物の時計にホワイトボード用ペンで移動前の針の位置を記録していた部分を削除した（11月～12月）（図7-22）。初めは針が何周したのか途中で分からなくなってしまい，やり直す様子も見られたが，声を出して確認しながら実物の時計の針を操作することで，印を残さなくても正答を答えることができるようになった。その後同様の問題を一回の指導毎に取り組んだ問題数は少なくても，期間を空けることなく繰り返し行うことで安定して正答できるようになってきた。さらに同様の手続きを繰り返すことで手順も徐々に覚えてきた様子が見られた。そこで次のステップとして手順表を最初に読んで確認した後，一度下げて何も見ないで問題を解くことに取り組んだ（12月～2月）。基本的には実物の操作を促したが，操作しなくても正答できることもあり，当初と比べると理解度も高く，サポートも減らしていくことができた。

　小学部6年生になり，4月より09年度の継続支援を開始した。前年度と同様，経過時間の問題に取り組んだが前回の指導から2カ月空いてしまったことから，手順をほぼ忘れてしまっており，c児の困難の特徴の一つである定着の悪さが見られた。しかし，前年度の最後に使っていた手順表をもう一度一緒に確認すると，すぐに手続きを思い出すことができた。一度定着した

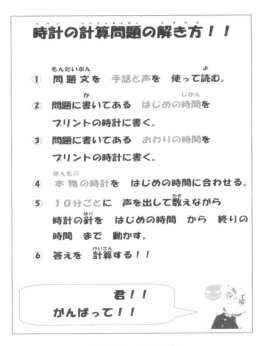

図7-22. 手順表②

ものは，忘れてしまっても思い出すために要する時間や労力はかなり軽減できるようであった。また，手順表のように毎回使用するツールがあると，忘れてしまった時にも思い出すきっかけとなり有効であった。このとき，手続き自体は思い出したものの，計算ミスが目立った。c児の様子を観察していると計算ミスをした後，支援者に促されて見直しをすると正しく答えを導き出せることが多かったが，自ら確かめたり，見直しをする様子は一度も見られなかった。そこで次の問題に移る前に必ず自分で見直しをすることをルールにし，プリントにも見直しをしたかを確認するチェック欄を作った（7月〜現在）。初めは見直しをすること自体を忘れてしまい，支援者から「見直しはした？」と声をかけられてから見直しをすることが多かったり，声かけされると間違っていると感じて正答だったのに消してしまったりという様子が

 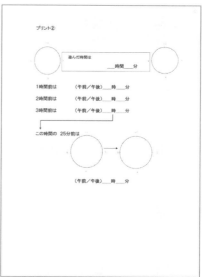

図7-23. 問題プリント(見直し欄付)と補助プリント教材例

見られたが,徐々に自分で見直しをしてプリントの見直しチェック欄を活用できるようになってきた。自ら見直しをして間違いに気付き,修正する場面も見られ,結果正答できたことで本人も自信を持てた様であった。また,6月からは問題の種類を増やし,途中で休憩時間のあった活動の実働時間を計算したり,「~を○時間○分して,終わった時間は●時●分でした。始めた時刻は?」などの問題にも取り組んだ。このような問題に対しては手順表ではなく,ワークシート形式で順を追って考えていくような補助プリントを作製した(図7-23)。手順が多くなることで何から計算していいかまだ理解に至れていないものの,ワークシートに乗っ取ってスモールステップで答えていくことで正答までたどり着くことができることもあった。手順が多い問題についてはまだ課題が多く,理解や定着には至れていないが,同様の問題を同じ手続きを踏んでいくことで理解を進めたいと考えている。

以上,小5時~小6現在時までの時計に関する問題種と支援方法,及び正

表7-10. 小5～小6時の取り組みのまとめ

支援日		時刻の読み取り・針の書き込み	午前・午後/12h・24h	経過時間	○時間○分後の時刻	○時間○分前の時刻	休憩時間以外の時間	支援方法
5年生	4/26	100	0	50				知識確認＋実物操作
	5/15		75	0				
	7/4		100	0				
	7/19		100	0				
	9/6	100		50				手順表①＋実物操作
	10/4	100		100				
	11/1	100		50				
	11/15	100		100	50			手順表②
	11/29	100		67				
	12/20	100		100	100			
	1/17			100		0		手順表確認後、下げる
	2/14			100				
	2/28			50				
6年生	4/25			0	100			手順表②
	5/16			0	100			
	6/20			0			0	
	7/4			100			100	補助プリント＋見直し
	9/5			100			0	
	10/17					0	0	
	11/28					0		

(%)

答率を表7-10にまとめた。

4-2-3-3．c児への支援効果と課題

　複数の項目を同時に扱うことや学習の定着に困難のあるc児に，時計を扱った課題の支援を行った。支援当初，扱う情報量の多い問題が続くと課題へのモチベーションが低下する様子が見られた。初めは簡単な課題で成功感を持たせてから課題に取り組むことで積極的な態度を引き出すことができた。「午前」「午後」の区分けや12/24時間表示，「1日＝24時間」「1時間＝60分」等の知識も曖昧なままのものが多かった。どこで躓いているのかを丁

寧に評価することは，その後の学習の積み重ねに影響するため注意して行う必要があった。またｃ児の場合，知識を整理する際に自分の実際の生活場面や経験を参照させながら行うことで，イメージが持ちやすく定着が見られた。

　長針と短針，10進法と60進法など多くの項目を扱わなくてはいけない時間の計算はｃ児にとって当初とても困難なものであった。ADHDは実行機能の課題であり，「プランニング」「ワーキングメモリー」「抑制」が特に大きく関係していると言われている（Barkley, R. A., 1997; 鳥居, 2009）。複数項目の処理や不注意さに困難を示すｃ児にとって，どのように問題を解くかの手順を組み立てる，様々な情報を頭に据え置きながら作業（実物の操作，計算）をするなどは非常に負荷の大きい課題であったと考える。今回の支援において行った，課題をスモールステップにする，手順表を提示する，手順を飛ばさないように確認する，針の位置に印をつけておくなどは実行機能の弱さをサポートするものであり，またこのような発達障害的観点からのアプローチはｃ児にとっても効果的なものであった。また，同様の問題を繰り返していく中で手順のステップをまとめていく，実物の操作をしないなど，支援をフェイディングさせていくこともできたことも重要なことであった。同時に，成功体験を積んでいくことはｃ児の学習に対する自信や意欲の向上にもつながった。しかし一方で，援助を減らしていく中で計算ミスが多くみられるようになった。その際に自分で見直しすることをルールに決めることで，自ら間違いに気づくことができるようになってきた。まだ十分に身についていない部分もあり，他の学習課題や学校でも「見直しをする」習慣をつけていけるように今後も支援したい。また，一定程度に定着したように思われたことも，しばらく学習期間が空いてしまうとまた忘れてしまう様子があった。以前から報告にあったように，学習の定着はｃ児にとって大きな課題として残ることが示唆された。ただし，一度ある程度覚えたものは忘れてしまっても思い出すことがスムーズであること，あるいは再学習の負担は軽いように感じられた。今回の支援の中でも，2カ月学習が空いてしまった後に回答のた

めの手続きを忘れてしまっていたが，以前使っていた手順表を見ながら確認することで，もう一度正答できるようになるまで時間はあまり掛からなかった。手順表のように思い出すきっかけになるものがあったことも効果的だったと考える。

　本支援において，複数項目の処理や不注意に困難のあるｃ児にとって学習をスムーズに行うための方略や支援方法を複数提案することができた。一方でケアレスミスや定着の悪さなど，その困難の本質を改善することは難しかった。今後，そういった本質的困難を補うためにどのような方略があるのかを更に探っていくこと，またｃ児自身が自分から積極的にそれらの方略を使っていけるように支援していくことが課題であると考える。

4-3．第4章のまとめ

　第4章では類型化研究（研究2-1-2）で見出されたクラスタの中から典型事例と思われるものを3事例抽出し，それぞれの困難の様子とそれに対する継続的支援の成果と課題について考察した。
　アスペルガー症候群を併せ有するａ児へ，社会性の困難さへの支援を行った。結果，知識として整理しやすいもの，単純な心情理解課題は理解しやすかった。一方で状況に応じて変化するものや葛藤・妥協などの複雑な心情理解はまだ困難が残った。そのようなときはａ児本人に置き換えて考える，事実や状況を順を追って確認していくことで理解が促進された。また，著しい言語の遅れのないａ児にとって，言語力が延びることによって状況理解もスムーズになる様子が見られた。状況は理解できても，こだわりのあるものに対しては周囲と折り合いをつけることが難しい様子も見られ，今後の課題であった。
　音読に著しい困難のあるｂ児へ，流暢に音読できる方略の検討，流暢率と読解との関係について，及びフラッシュ教材を用いた音韻処理トレーニング

を行った。b児にとって最も流暢に音読できるのは先行読みであり，また先行読みによって流暢率が上がっているときは読解の正答率も高かった。音韻処理トレーニングを行うことによって文字を視認してから音読するまでの所要時間は短縮していった。現在では，困難がないと言えるほどの状態ではないものの，一人で音読しても当初よりは流暢に音読できるようになっている。

複数の項目を同時に扱う学習や不注意に困難のあるc児へは，時計を使った課題を行った。頭の中での作業を可視化して残しておく，また手順表を使って作業を明確に，かつスモールステップにすることによって課題の正答率を上げることができた。さらに同様の課題を同じ手続きで繰り返すことで一定の定着が見られ，支援を減らしていくこともできた。一方でしばらく課題を行わない時期があると手順を忘れてしまう様子も見られた。

類型化の典型例として抽出した3事例のうち，2事例は特に発達障害の医学的診断のあるものではなかったが，継続指導の中で聞こえにくさによる二次的困難のみではなく発達障害による困難があると感じられ，またそれに対する発達障害の観点からのアプローチは有効であった。このことから，統計的手続きによって行われた困難の特徴による類型化は一定程度妥当なものであり，発達障害のある聴覚障害児の困難の特徴を捉えていたと考える。

また，発達障害のある聴覚障害児への支援の際の共通事項として，まずその児童生徒にとって最も確実なコミュニケーション手段の探索・確立と，聴覚障害故の言語の苦手さへ配慮しながらの支援・教材作りとを前提条件として整えてから，発達障害に因る困難へのアプローチをすることは基本的かつ重要であった。

総合考察

1. 発達障害のある聴覚障害児の割合について

　聴覚障害児は障害の発見が遅れたり，補聴・コミュニケーション環境や教育的支援がその子にとって十分でなかったりする場合，言語発達だけでなく，様々な二次障害が起こる事があるとされている（廣田，2002）。聴覚障害が重くても聴児と同様に発達していく聴覚障害児群も存在する一方で，「9歳の峠」といわれるように，小学校中学年程度の学習や社会性の習得で停滞してしまう者がいる（脇中，2009）。聴覚障害児はその聴力レベルや言語環境など非常に多様で個人差の大きい群ではあるが，その中でも学習面や行動面に著しい困難を示す者が存在しており，彼らの中には聞こえにくさによるものだけではなく，発達障害という認知特性を持った者が含まれているのではないかと考えた。しかし，本国において発達障害のある聴覚障害児の教育機関における在籍率に関して全国規模で明らかにしたものは見つからなかった。

　そこで本論文では，研究1及び研究2-1-1，2-2-1において発達障害のある聴覚障害児の割合を明らかにするためにスクリーニングテストを行った。研究1では教員の印象調査及びPRS〈THE PUPLE SCALE REVISED〉を活用して全国聾学校小学部を対象に調査を行った。結果，教員の印象により21.2%が発達障害様の特徴を示すとされ，彼らにPRSを実施したところ，聾学校小学部単一障害学級在籍児の16.2%がサスペクト児であるとされた。聴覚障害児における発達障害は聴児におけるもの（文部科学省，2002; 東京都，2003; 森永・隠岐，1992b）より多いことが示唆されたが，一方で本調査では教員が印象無しとしたものについては調査対象としなかったため，聴覚障害児全

体の実態をつかむことができなかった。また，PRS が対象とする障害像と，現在日本で一般的に理解されている「発達障害」の定義とは一部相違があることも示唆された。そこで研究2-1-1，2-2-1では，文部科学省調査（2002）を用いたスクリーニングテストを行い，対象も聾学校及び難聴特別支援学級及び通級指導教室に在籍または通級する児童生徒全員と拡大させた。結果，発達障害様の著しい困難を示す者は聾学校小学部で33.8％，中学部で32.9％であり，難聴特別支援学校及び通級指導教室では小学校で28.3％，中学校で18.1％であった。

しかし，これらの値は聴児における研究よりも高率であるだけでなく，聴覚障害児における海外の先行研究（ASHA, 1984; GRI, 1999～2008）と比べても高率であった。これについて，発達障害のある聴覚障害児について共通した見解が十分ない現状での調査だったこともあり，聞こえにくさによる二次的困難も相当数含まれてしまっている可能性が否定できなかった。また，聴児と同様の基準で評価することへの限界も示唆された。

そこで，研究3では類型化研究（研究2-1-2，2-2-2）の中で抽出された，聴覚障害単一群であると思われる「標準群」の成績を基に，文部科学省（2002）も用いた聴覚障害児版評価基準を提案した。この評価基準を用いて研究2の対象児童生徒（聾学校小学部，中学部，難聴学級・通級小学校）を再評価したところ，何らかの領域で著しい困難ありとされたものは聾学校小学部1040名中26.0％，中学部690名中19.1％，小学校の難聴学級・通級452名中19.2％であった。聴覚障害児版評価基準を用いることによって著しい困難ありとされる者の割合は低下し，教員の印象や先行研究との値とも，若干高率ではあるものの類似した結果となった。また，「聞く」領域など特に聞こえにくさの二次的困難との区別がつきにくいと思われる領域での該当児が減少したことからも，聴覚障害ゆえの二次的困難の影響を一定程度に排除することができていると考える。さらに，一聾学校において行った悉皆調査による妥当性の検証結果からも，教員の印象との一致率は86.0％と高率であり，また一致しな

かった者についても合理的な理由からその不一致が説明できた。よって，聴覚障害児版評価基準には妥当性が認められると考え，医師の診断等によるものではない点に留意が必要ではあるが，本論文では上記が発達障害のある聴覚障害児の割合であると考えた。

　この結果を見ると，その割合は決して少ないものではなく，発達障害は聴児においてのみではなく，聴覚障害児教育においても重要な課題であることが示された。聴覚障害児教育に関わる者は，より効果的に子どものニーズに応えるために他の領域の障害についてもよく理解しておく必要がある（Ann Powers et al, 1987）と指摘されているように，聴覚障害児教育に関わる者は聞こえにくさだけではなく，多角的に子どもを評価し支援していく必要がある。発達障害児にとって支援が十分にないまま失敗体験を重ねることは，自己肯定感の低下や学習不振など二次的な困難に繋がると予想され（近藤，2005;鳥居，2009），子どもの十分な発達を促すためには早期にその子の持つ困難に気付き，適切な教育的支援をしていく必要がある。本調査の結果は，聴覚障害児教育においてもその重要性と評価の観点を広く訴えるために意義のあるものであったと考える。

　一方で，幾つかの課題も明らかになった。聴覚障害児版評価基準の妥当性の検証の中で，教員の印象と一致しなかった事例について検討したところ，運動面や極端な単語の定着の悪さ，「聞く」領域の評価基準など，今回使用した文部科学省調査（2002）では評価しきれない面があることが示唆された。運動面の評価については，例えばPRSには「運動能力」といった項目があり，これを新たに加えることが考えられる。単語の定着の悪さは聴児とは異なる，聴覚障害児独特の特徴として新たに項目立てする必要があるだろう。また，今後更に発達障害のある聴覚障害児の困難の特徴について整理する中で，他の困難特徴も評価項目として付け加える必要性について検討すべきであると考える。また，「聞く」領域の評価については，特に難聴学級・通級において，聴児での評価基準と聴覚障害児版評価基準との結果の差が大きかった。

難聴学級・通級ではほとんどの者が聴覚活用を主なコミュニケーション手段としていたことから考えると，聞こえにくさからくる困難さとの区別がより付きにくかったことが示唆された。聴力と著しい困難との関係は基本的に見られなかったが，そのコミュニケーション手段によって教員による評価の基準が異なる必要があると考えられ，今後の課題であった。また，聴覚活用をベースにしている児童生徒にとって「聞く」ということにはどうしても不確実さが残ってしまい，その困難さと発達障害との区別はより付きにくい様子が示された。

2．発達障害のある聴覚障害児における特徴に応じた支援について

先にも述べたように，発達障害のある聴覚障害児に対してその認知特性に応じた支援を行うことは非常に重要で，かつ早急な課題である。しかし，その実態が未だ十分に明らかにされていないことからも，実際の支援には至っていない状況が少なくないことが予想される。そこで本論文では，まず文部科学省調査（2002）の結果を用いて児童生徒を困難の特徴別に類型化した（研究2-1-2，2-2-2）。聾学校小学部では5因子6クラスタに，中学部では4因子6クラスタに，難聴学級・通級小学校では5因子6クラスタが抽出された。各クラスタの特徴を考察することで，発達障害のある聴覚障害児のタイプ分けと困難の特徴を整理することができた。聴覚障害があると，様々な困難を有していても聞こえにくさの中でそれらが見えにくくなってしまうことが予想される。聞こえにくさからくる二次障害として見過ごされていく困難の中に発達障害があった場合，困難状況が深刻化し更なる二次障害を起こす可能性がある。今回，発達障害のある聴覚障害児の困難を整理し，特徴を挙げることができたことから，何らかの著しい困難のある聴覚障害児への早期の気づきに向けた観点を提案することができたと考える。なお，難聴学級・通級中

学校でははっきりとした困難の特徴を見出すことができなかった。他の聾学校や難聴学級・通級小学校に比べて対象生徒が少なかったこと，また学校数が少なく地域事情の影響が考えられたが，今後詳細の検討が課題であった。

　困難を示す児童生徒が実際に発達障害があるのか，それとも環境要因等により困難を呈しているかはスクリーニングテスト結果だけでなく，多方面からの個別評価が必要であるが，例えその困難の原因が発達障害ではなかったとしても，困難状況を早期に発見し，何らかの教育的支援を開始することが重要なのは言うまでもない。そこで，発達障害のある聴覚障害児への具体的支援に向けて，研究4では類型化の中から典型例を抽出し，困難の実際と支援の様子について検討した。発達障害の医学的診断のない事例もあったが，彼らに対してその認知特性に合わせた発達障害の観点からの支援は有効であった。このことからも，研究2-1-2，2-2-2で行った類型化は発達障害のある聴覚障害児の特徴を反映したものとして妥当であったと考える。一方で，彼らへの支援の際に基礎的かつ重要であったことは，確実に通じる，また単なるやりとりだけではなく学習を成立させるためのコミュニケーション手段を探索・確立させることであった。これは，発達障害の有無に関わらず聞こえにくさのある彼らへの支援を考えるときに自明なことではあるが，改めて非常に重要なことであり，また聞こえにくさからくる二次的困難との見極めをする際にも肝要なことであった。つまり，聞こえにくさに対しては十分に配慮されており，確実なやり取りが成立しているにも関わらず，ある一面だけが極端に苦手である様子からは聞こえにくさだけではなく，発達障害というもう一つの困難の可能性が考えられる。その場合に，今までの聴覚障害児教育の領域からだけではなく，発達障害という別の領域から学ぶべきものは多く，今までとは違った方向からアプローチすることで効果的な支援方法が見つかるかもしれない。実際の支援に際しては，聴児の発達障害に対する支援方法や教材を取り入れることも可能であると考える。その際には，聴覚障害がベースにある彼らにとって十分に状況理解できるよう，語彙や文

章への配慮，動画の活用など工夫した教材・指導のアレンジを心がける必要があるだろう。聞こえにくさやそれによる言語発達の遅れに配慮した上で，それぞれの認知特性に合わせた教育的支援をしていくことで効果的な支援が行われると考える。

3．今後の課題

　発達障害のある聴覚障害児の割合について，またその特徴に応じた支援について整理してきた中で，新たな課題も明らかになった。

　まず評価方法について，本論文では主に文部科学省調査（2002）を用いたが，運動能力やオリエンテーション（森永・隠岐，1992a；1992b）（土地感覚や位置関係，大-小の判断など）については評価項目がなく，そのような苦手さを持つ者を抽出することができなかった。研究1で使用したPRSの項目を参考にするなどして新たに付け加える必要があると考える。併せて，聴覚障害児特有の困難特徴として「新しい単語の定着が著しく悪い」，「音節数の多い単語の操作など継次的音韻処理が苦手」，「最も使いやすいコミュニケーション手段（手話）と書きことばとの能力差が非常に大きい」などが示唆された。これらの困難について今後詳細に検討すると共に，聴覚障害児のための評価の観点として提案していく必要があると考える。また，聴力と著しい困難の割合には関係は見られなかったが，一方で聾学校と難聴学級・通級とではその困難特徴に違いが見られたように，コミュニケーション手段や聴力が違えば，その困難の様相や支援方法にも違いが出てくることが予想される。特に「聞く」ことに関しては，コミュニケーション手段や聴力によって評価基準や観点を異にする方が妥当である可能性があり，今後検討が必要である。

　次に，本論文では聴覚障害児の中で比較検討することで，発達障害のある聴覚障害児の特徴について検討してきたが，聴覚障害を伴うことによる発達障害の困難への影響については検討することができなかった。経験的には「読む」「書く」「不注意」「対人関係」などの困難が一層重篤になる等の印象

があるが，客観的に検証することはできていない。今後，聴覚に障害のない発達障害児と比較し，その困難の程度や様相に相違があるのか，聴覚障害児特有の困難にはどのようなものがあるのかを考察していく必要があると考える。また，このことは上記した評価項目や基準の検討にも関係してくるだろう。多方面から実態を把握・整理していくことが求められる。

　最後に，発達障害のある聴覚障害児の支援体制について，学校へのアンケートの中で何らかの取り組みを始めている，もしくは予定しているところは少なくなかったが，その内容をみると教員の研修や医療・外部機関との連携が多かった。一方，聴児の発達障害に対する支援体制として，新たな人員の配置や個別指導，特別支援学級・通級等があるが，現在の聴覚障害児教育の中では，更にそのような支援体制を組んでいるところはごく一部であった。聴覚障害児はその聞こえにくさに対して既に特別支援教育を受けているが，発達障害を併せ有する者はその中での更なる特別な支援を必要としている。例えば聾学校において，発達障害のある聴覚障害児に対して新たな人員を配置したり，放課後等を活用して個別指導の時間を設定したりすることを検討していく必要があると考える。そのためにも，発達障害のある聴覚障害児が決して少なくないこと，認知特性に合わせた適切な支援を行うことで教育効果があることなどを更に明らかにし，新たな支援体制について提案していくことが今後の課題である。

文　献

我妻敏博（1990）聴覚障害児の文理解方略に関する一研究（その3）．言語聴覚障害，**19**（2），40-51.

我妻敏博（2000）聴覚障害児の言語力の問題点．電子情報通信学会技術研究報告書，**100**（480），47-52.

天野清（1970）語の音韻構造の分析行為の形成とかな文字の読みの学習．*Japanese Association of Educational Psychology*, **18**（2），76-89

天野清（1986）子どものかな文字の習得過程．秋山書店．

American Speech-Language Hearing Association（1984）*Hearing-impaired children and youth with mental disabilities: an interdisciplinary foundation for service*. ASHA, America. 都築繁幸訳編（1986）発達障害をもつ聴覚障害児の教育・リハビリテーション．聾教育研究会．

Ann Powers, Raymond Elliott, Jr., and Ruth Funderburg.（1987）Lerning Disabled Hearing-Impaired Students:Are They Being Identified?. *The Volta Review*, **89**, 99-105.

Barkly, R. A.（1997）Attention-deficit/hyperactivity disorder, self-regulation, artime: toward a more comprehensive theory, *Journal of developmental and behavioral pediarticles*, 271-9.

Bunch, G. O.,& Melnyk, T. L（1989）A review of the evidence for a leaning-disabled, hearing-impaired sub-group. *American Annals of the Deaf*, **134**, 297-300.

長南浩人・斎藤佐和・大沼直紀（2008）聴覚障害児の音韻意識に関連する要因．Audiology Japan, **51**, 263-269.

長南浩人・澤隆史（2007）読書力診断検査に見られる聾学校生徒の読書力の発達．ろう教育科学, **49**（1），1-10.

Craig, W. N.,& Craig, H. B.（1987）Tabular summary of schools and classes in the United States. *American Annals of the Deaf*, **132**, 124.

Funderburg, R. S.（1982）The role of the classroom teacher in the assessment of the learning disabled hearing impaired child. *The multihandicapped hearing impaired: Identification and Instruction*, 61-74.

Gallaudet University's Research Institute(2001)Annual Survey;1999-2000 Regional and National Summary.

http://gri.gallaudet.edu/Demographics/2000_National_Summary.pdf

Gallaudet University's Research Institute(2002)Annual Survey;2000-2001 Regional and National Summary.

http://gri.gallaudet.edu/Demographics/2001_National_Summary.pdf

Gallaudet University's Research Institute(2003a)Annual Survey;2001-2002 Regional and National Summary.

http://gri.gallaudet.edu/Demographics/2002_National_Summary.pdf

Gallaudet University's Research Institute(2003b)Annual Survey;2002-2003 Regional and National Summary.

http://gri.gallaudet.edu/Demographics/2003_National_Summary.pdf

Gallaudet University's Research Institute(2005a)Annual Survey;2003-2004 Regional and National Summary.

http://gri.gallaudet.edu/Demographics/2004_National_Summary.pdf

Gallaudet University's Research Institute(2005b)Annual Survey;2004-2005 Regional and National Summary.

http://gri.gallaudet.edu/Demographics/2005_National_Summary.pdf

Gallaudet University's Research Institute(2006a)Annual Survey;2005-2006 Regional and National Summary.

http://gri.gallaudet.edu/Demographics/2006_National_Summary.pdf

Gallaudet University's Research Institute(2006b)Annual Survey;2006-2007 Regional and National Summary.

http://gri.gallaudet.edu/Demographics/2007_National_Summary.pdf

Gallaudet University's Research Institute(2008)Annual Survey;2007-2008 Regional and National Summary.

http://gri.gallaudet.edu/Demographics/2008_National_Summary.pdf

Greag. Ree（2007）第9回アジア太平洋地域聴覚障害問題会議　第40回全日本聾教育研究大会（関東大会）事後収録．第9回アジア太平洋地域聴覚障害問題会議　第40回全日本聾教育研究大会（関東大会）組織，14-20.

濱田豊彦（2005）聾学校の自立活動における諸問題（1）．聴覚障害，**60**（4），20-27.

濱田豊彦（2007）一人一人のニーズに応じた教育－聴覚障害Ⅰ－．大南英明・宮崎英憲・木舩則之（編），特別支援教育総論．放送大学教育振興会，東京都，42-56.

濱田豊彦・大鹿綾（2007）ADSを併せ持つ聴覚障害児へのソーシャルスキルトレーニング1－ソーシャルナラティブの適応方法の検討－．日本特殊教育学会第45回大会発表論文集，796．

濱田豊彦・大鹿綾（2008a）聾学校における発達障害の調査から見えてくるもの．聴覚障害，**63**（6），4-9．

濱田豊彦・大鹿綾（2008b）聾学校における発達障害児に関する調査研究（1）．日本特殊教育学会第46回大会発表論文集，570．

Harris, R. (1978) The relationship of impulse control to parent hearing status, manual communication, and academic achievement in deaf children. American Annals of the deaf, **123**, 52-67.

Helmer R. Myklebust (1981) THE PUPIL RATING SCALE REVISED Screening for Learning Disabilities. The Phychological Corporation.

廣田栄子（2002）小児聴覚障害．喜多村健（編），言語聴覚士のための聴覚障害学．医歯薬出版，東京都，105．

細川（加倉井）美由紀（2006）音韻処理と発達性読み障害．特殊教育学研究，**43**（5），373-378．

堀田修（1995）難聴児における算数文章題の個別指導の効果と言語力の変化．特殊教育学研究，**33**（2），41-50．

伊藤壽一（1996）小児への人工内耳の適用．小寺一興（編），補聴器の選択と評価．メディカルビュー社，東京都，185-189．

Jacqueline Leybaert.,&Brigitte Charlier. (1996) Visual Speech in the Head:The Effect of Cued-Speech on Rhyming, Remembering, and Spelling. *Journal of Deaf Studies and Deaf Education*, 1:4Fall, 234-248.

Jure, R., Rapin, I. and Tuchman, R. F. (1991) Hearing impaired autistic children. *Developmental Medicine and Child Neurology*, **33**, 1062-1072.

Karchmer, M. A., Petersen, L. M., Allen, T. E., &Osborn, T. I. (1981) Highlights of the Canadian survey of hearing impaired children and youth. spring, R (8).

Kelly, D. P., Kelly, B. J., Jones, M. L., Moulton, N. J., Verhulst, S. J. and Bell, S. A. (1993) Attention deficits in children and adolescents with hearing loss. A survey. *American Journal of Diseases of Children*, **147**, 737-741.

菊地淳子（2004）聾学校における学習に困難を持つ子どもの実態についての一考察－認知検査の結果に見られる特徴の分析から－．東京学芸大学修士論文．

木村晴美・市田泰弘（1996）ろう文化宣言－言語少数者としてのろう者－．現代思想，

24 (5), 8-17.

小寺一興 (1996) 難聴の程度・種類と補聴器適用. 小寺一興 (編), 補聴器の選択と評価. メディカルビュー社, 東京都, 69-74.

近藤文里 (2005) 学習障害. 清水貞夫・藤本文朗 (編), 障害児教育－特別支援教育時代の基礎知識－, クリエイツかもがわ, 京都府, 170-171.

Laurent Clerc National Deaf Education Center (2008) *ODYSSEY, vol9*. Gallaudet University, Washinton, DC.

Lindsey Edwards,.&Susan Crocker. (2008) Psychological processes in Deaf Children with Complex Needs. *Jessica Kingsly publishers*, London.

Lynn, R. (1978) *Learning disabities: The state of the field*. Social Science Research Council, New York.

増田早哉子・田中美郷・芦野聡子・吉田有子・森浩一 (2009) 難聴児の誤信念課題遂行. 音声言語医学, **50** (1), 70.

Maryse Bezagu-Deluy. (1990) L'ABBE DE L'EPEE Instituteur gratuit des sourds et muets. Editions Seghers, Paris. 赤津政之訳 (1994) ド・レペの生涯－世界最初の聾唖学校の創設－. 近代出版

Miller MT, Stromland K, Ventura L, Johansson M, Bandim JM, Gilberg C. (2004) Autism with ophthalmologic malformations: the plot thickens. *Transactions of American Ophthalmol Society*. **102**, 107-20.

Miller, Paul (1997) The effect of communication mode on the development of phonemic awareness in prelingually deaf students. *Journal of Speech, Language & Hearing Reseach*, **40** (5), 1151-1163.

宮本信也 (2000) 通常学級にいる軽度発達障害児への理解と対応－注意欠陥多動障害・学習障害・知的障害－. 発達障害研究, **21** (4), 262-269.

文部科学省 (1999)「学習障害児に対する指導について (報告)」
http://www.mext.go.jp/a_menu/shotou/tokubetu/material/002.htm

文部科学省 (2002)「通常の学級に在籍する特別な教育的支援を必要とする児童生徒に関する全国実態調査」調査結果.
http://www.mext.go.jp/b_menu/shingi/ziousa/shotou/018/toushin/030301i.htm

文部科学省ホームページ (2004) 小・中学校におけるLD (学習障害), ADHD (注意欠陥/多動性障害), 高機能自閉症の児童生徒への教育支援体制の整備のためのガイドライン (試案). 文部科学省.
http://www.mext.go.jp/b_menu/houdou/16/01/04013002.htm

文部科学省ホームページ（2006）特別支援教育資料（平成18年度）．文部科学省．
http://www.mext.go.jp/a_menu/shotou/tokubetu/material/013.htm

文部科学省ホームページ（2007）「発達障害」の用語の変更について．文部科学省．
http://www.mext.go.jp/a_menu/shotou/tokubetu/main/002.htm

文部科学省ホームページ（2009）特別支援教育資料（平成20年度）．文部科学省．
http://www.mext.go.jp/a_menu/shotou/tokubetu/material/1279975.htm

森永良子・隠岐忠彦（1992a）PRS LD児・ADHD児診断のためのスクリーニング・テスト．文教資料協会．

森永良子・隠岐忠彦（1992b）PRS手引　LD児・ADHD児診断のためのスクリーニング・テスト．文教資料協会．

Myklebust, H. (1960) *The Psychology of Deafness: Sensory deprivation, learning, and adjustment*. Grune & Stratton. New York.

内藤泰・川野通夫・高橋晴雄（1999）小児人工内耳．本庄巌（編），人工内耳．中山書店，東京都，151-212．

岡田明（1981）聴覚障害児の心理と教育．学芸図書，13-15．

岡本稲丸（1868）高等部ろう生徒にY-G性格検査（質問紙による性格検査）を実施した結果と考察．ろう教育科学，**9**（4），143-157．

大鹿綾・濱田豊彦（2005）聴覚障害とLDを併せ持つ子どもの特徴と学習支援．第43回日本特殊教育学会論文集，554．

大鹿綾・濱田豊彦（2006）聴覚障害と言語性LDを併せ有する児童とその記憶方略に関する一考察．日本音声言語医学．総会ならびに学術講演会，45．

大鹿綾（2006）聴覚障害に軽度発達障害を併せ持つ児童の実態に関する一考察－全国調査と効果的な介入の検討－．東京学芸大学修士論文．

大鹿綾・濱田豊彦（2006［2008発行］）聴覚障害といわゆる発達障害を併せ持つ児童の実態に関する調査研究－全国聾学校へのアンケートの試み－．聴覚言語障害，**35**（3），119-125．

大鹿綾（2007）聴覚障害と軽度発達障害を併せ有する児童の評価及び評価に基づく指導　学習活動「ダンボ」活動報告．文部科学省委嘱　障害のある子どもへの対応におけるNPO等を活用した実践研究事業　中間報告書，19-21．

大鹿綾・濱田豊彦（2008a）発達障害のある聴覚障害児の困難による分類．聴覚障害，**63**（6），10-15．

大鹿綾・濱田豊彦（2008b）発達障害のある聴覚障害児への教育的支援－事例を通しての報告－．聴覚障害，**63**（6），16-22．

大鹿綾・濵田豊彦（2008c）LDを併せ有する聴覚障害児の事例報告と教育的支援に関する一考察－音読の流暢性について－．東京学芸大学紀要　総合教育科学系，**59**，387-394．

大鹿綾・平田正吾・濵田豊彦・國分充（2008）PRSを用いた発達障害様困難を持つ聴覚障害児の特徴に関する一考察－類型化の試み－．学校教育学研究論集，**18**，107-119．

大鹿綾・濵田豊彦（2009）発達障害様の困難のある聴覚障害児の典型事例の抽出とその特徴に関する研究．東京学芸大学紀要　総合教育科学系，**60**，397-405．

大友礼子・西方幸子・石岡泉（2006）広汎性発達障害を伴う重度聴覚障害児の言語発達－3歳台までに年齢相応の言語機能を獲得した症例について－．第51回日本音声言語医学会総会予稿集，46．

Pennington, B. F.（1991）*Diagnosing Learning Disorders*. Guilford Press, New York.

斎藤佐和（1978）聴覚障害児における単語の音節分解および抽出に関する研究．東京教育大学教育学部紀要，**24**，205-213．

Samar, V. J., Parasnis, I., &Berent, G. P.（1998）Learning disabilities, attention deficit disorders, and deafness. *Psychological perspectives on deafness,volume II*, 199-242.

佐藤由里（2002）聾学校におけるLDスクリーニングの試み．東京学芸大学修了論文．

Sisco, F. H. & Andersen, R. J.（1978）Current findings regarding the performance of deaf children on the WISC-R, *American Annals of the Deaf*, **123**（2），115-221.

杉原一昭（1989）論理的思考の発達過程，田研出版．

高橋登（2005）読み障害とは何なのか－言語による違いとその要因－．特殊教育学研究，**43**（3），233-24．

武田尚子・松下淑（2001）学習障害を背景にもつ難聴児の指導経過．聴覚言語障害，**30**（2, 3），55-59．

特定非営利活動法人聴覚障害教育支援大塚クラブ（2007）文部科学省委嘱障害のある子どもへの対応におけるNPO等を活用した実践研究事業中間報告書　聴覚障害と軽度発達障害を併せ有する児童の評価及び評価に基づく指導学習活動「ダンボ」活動報告．

特定非営利活動法人聴覚障害教育支援大塚クラブ（2008）文部科学省委嘱　障害のある子どもへの対応におけるNPO等を活用した実践研究事業報告書　聴覚障害と軽度発達障害を併せ有する児童の評価及び評価に基づく指導学習活動「ダンボ」活動報告．

鳥居深雪（2009）脳からわかる発達障害－子どもたちの「生きづらさ」を理解するため

に-.中央法規,東京都.

東京都教育委員会ホームページ（2003）「通常の学級に在籍する特別な教育的支援を必要とする児童・生徒に関する実態調査」（速報値）について．東京都教育委員会.
http://www.kyoiku.metro.tokyo.jp/press/pr031127a.htm

東京都教育委員会ホームページ（2006）平成18年度　公立学校統計調査報告書【学校調査編】．東京都教育委員会.
http://www.kyoiku.metro.tokyo.jp/toukei/18gakkoucho/gaiyoushouchuu.pdf

宇佐美真一（2012）きこえと遺伝子2　難聴の遺伝子診断　ケーススタディ集．金原出版，東京都，8-15.

脇中起余子（1998）聾学校高等部生徒における算数文章題の困難点に関する研究．特殊教育学研究，**35**，(5)，17-23.

脇中起余子（2006）K聾学校高等部の算数・数学における「9歳の壁」とその克服と方向性－手話と日本語の関係をどう考えるか－．龍谷大学大学院文学研究科紀要，**28**，66-80.

脇中起余子（2009）聴覚障害教育これまでとこれから－コミュニケーション論争・9歳の壁・障害認識を中心に－．北大路書房，京都府，157-192.

鷲尾純一（2004）難聴幼児の言語指導．相楽多恵子・鷲尾純一（編），シリーズ言語臨床事例集第11巻　聴覚障害．学苑社，東京都，27-35.

山田萌香（2009a）自主シンポジウム　発達障害のある聴覚障害児の指導について．日本特殊教育学会第47回大会発表論文集，726.

山田萌香・松永信介・稲葉竹俊・濱田豊彦・大鹿綾（2009b）聴覚障がい児のための短期記憶WBT教材の開発．第71回情報処理学会全国大会講演論文集，6G-5.

山本恵美（2004）発達障害を伴う言語習得期前難聴児における人工内耳装用後の経過．小児耳鼻咽喉科学術雑誌，**25**（2），51-55.

吉野公喜（1999）知能と知的発達．中野善達・吉野公喜（編），聴覚障害の心理．田研出版，東京都，41-64.

資　　料

発達障害を併せ有する聴覚障害児に関する調査 ＜学校記入用＞

　特別支援教育において近年※**発達障害**に注目が集まっています。聴児における発達障害児は6.3％とも言われており，その教育的支援が進められてきています。しかし，一方で発達障害を併せ有する聴覚障害児に関する調査・研究は，未だ充分とは言いがたい状況です。
　本調査は，発達障害を併せ有する聴覚障害児に関して，幼小中学部を設置するすべての聾学校を対象として在籍率やその実態を調べることを目的としたものです。東京学芸大学の研究グループが全国聾学校長会の協力を得て実施しています。本調査の結果は，3月に各学校あてにお返しする予定です。
　お忙しいところ誠に恐縮ですが，調査の趣旨にご理解頂き，11月30日（金）までに投函をお願いいたします。ご協力のほど何卒よろしくお願いいたします。
　　　　　　　　　　　　　　　　　　　　　　　　　東京学芸大学　濱田研究室

　　　　　　　　　　　　　　　　学校　　　10月　1日現在

問1．学部ごとの学級数，全在籍児数をお教え下さい。

幼稚部				小学部			
幼1（3歳児）	（　）学級	（　）名		1年生	（　）学級	（　）名
幼2（4歳児）	（　）学級	（　）名		2年生	（　）学級	（　）名
幼3（5歳児）	（　）学級	（　）名		3年生	（　）学級	（　）名
重複学級	（　）学級	（　）名		4年生	（　）学級	（　）名
				5年生	（　）学級	（　）名
中学部				6年生	（　）学級	（　）名
1年生	（　）学級	（　）名		重複学級	（　）学級	（　）名
2年生	（　）学級	（　）名				
3年生	（　）学級	（　）名				
重複学級	（　）学級	（　）名				

問2．発達障害を併せ有する児童・生徒に対して，学校としての取り組みがありますか。該当するものに○を付けてください。
　　1．取り組みを始めている　　　　　　⇒問3へ
　　2．重要な課題とは認識しているが，具体的にはこれから　　⇒問4へ
　　3．本校の場合，課題とはなっていない　　⇒問4へ

問3．始めている取り組みは次のどれですか，該当するもの全てに○を付けてください。
　　1．校内研修　　　　　　　　2．担当教員等の校外研修
　　3．授業者以外の人的サポート（例：衝動性の強い児童に対して教員やボランティアなどをつける）
　　4．発達障害を扱う校内分掌で，全校的な理解・協力・相談を進めている
　　　→（分掌名等：　　　　　　　　　　　　　　　　　　　　　　　　　　　）
　　5．発達障害に関する医療との連携　→（精神科等の学校医／学校医以外／両方）
　　6．外部の専門家を導入している　→　当てはまるものに○をお付けください。
　　　a．教育センター等の公的機関　　b．発達障害に関する民間の機関
　　　c．児童相談所・保健所　　　　　d．大学
　　　e．研修センター等による相談　　f．その他　（　　　　　　　　　　　）
　　7．1～6以外のその他の取り組みがあればお書きください。

問4．今後予定している取り組みがあればご記入ください。

問5．AD/HDや高機能自閉症等の診断を受けている者で重複学級に在籍している場合がありますか？
　　　1．ある　（何年生に何人いますか？　　　　　　　　　　　　　　　　　）
　　　2．いない

　　　　　　　　　　　　　　　　　　　　　ご協力，ありがとうございました。

<発達障害とは>

　本調査の中で用いられる「**発達障害**」とは，従来，軽度発達障害と呼ばれてきたもので，明らかな知的障害は含まず，LD，AD/HD，高機能自閉症等を意味するものです（平成19年3月より文部科学省が用語の変更を行ったことに準じています）。

LD（学習障害）：基本的には全般的な知的発達に遅れはないが，聞く，話す，読む，書く，計算する又は推論する能力のうち特定のものの習得と使用に著しい困難を示す様々な状態を指すものである。学習障害は，その原因として，中枢神経系に何らかの機能障害があると推定されるが，視覚障害，聴覚障害，知的障害，情緒障害などの障害や，環境的な要因が直接の原因となるものではない。

AD/HD：年齢あるいは発達に不釣り合いな注意力，及び／又は衝動性，多動性を特徴とする行動の障害で，社会的な活動や学業の機能に支障をきたすものである。また，7歳以前に現れ，その状態が継続し，中枢神経系に何らかの要因による機能不全があると推定される。

高機能自閉症：3歳位までに現れ，①他人との社会的関係の形成の困難さ，②言葉の発達の遅れ，③興味や関心が狭く特定のものにこだわることを特徴とする行動の障害である自閉症のうち，知的発達の遅れを伴わないものをいう。また，中枢神経系に何らかの要因による機能不全があると推定される。

（以上，文部科学省「主な発達障害の定義について」より抜粋）

資料　239

幼3担任用

発達障害を併せ有する聴覚障害児に関する調査
＜幼稚部3年（5歳児）　担任記入用＞

　特別支援教育において近年**発達障害**注1に注目が集まっています。聴児における発達障害児は6.3％とも言われており，その教育的支援が進められてきています。しかし，一方で発達障害を併せ有する聴覚障害児に関する調査・研究は，未だ充分とは言いがたい状況です。

　本調査は，発達障害を併せ有する聴覚障害児に関して，幼小中学部を設置するすべての聾学校を対象として在籍率やその実態を調べることを目的としたものです。東京学芸大学の研究グループが全国聾学校長会の協力を得て実施しています。本調査の結果は，3月に各学校あてにお返しする予定です。

　お忙しいところ誠に恐縮ですが，調査の趣旨にご理解頂き，11月30日（金）までにご返送をお願いいたします。ご協力のほど何卒よろしくお願いいたします。

東京学芸大学　濱田研究室

　　　　　　　学校　　幼稚部　　　　組　（平成19年10月1日現在でご回答ください）

問1．担任されているクラスの在籍児数は何人ですか？　　　　（　　　　　）人

問2．担当されているクラスには明らかな重複障害注2を併せ有する幼児がいますか？
　　　1．いない
　　　2．いる　→　何人ですか？（　　　　　）人

問3．クラスに発達障害を併せ有していると感じる幼児はいますか？　いるとすると，どのような行動が見られますか？（明らかな重複障害児は除いて下さい）

    1．いない
    2．いる　　　（　　）人

幼児ごとに見られる特徴に○をつけてください。

	一人目	二人目	三人目	四人目	五人目
聴こえの状態に比して，新しい言葉がなかなか定着しない					
音読がたどたどしく，不自然な所で区切ったり，勝手に語尾を変えたりする					
鏡文字が多い，文字のバランスが極端に悪いなど，独特の字を書く					
数の操作，概念の理解が難しい					
一つの遊びに集中できないなど，極端に落ち着きがない					
手足をそわそわ動かしたり，着席していても姿勢が保てない					
順番を待つのが難しく，友達をさえぎったり，抜かしたりする					
こだわりが強い					
コミュニケーションのとり方が不自然，友達関係をうまく築けない					

問4．問3．で「いる」と答えた先生にのみ，お聞きします。
　　小学部（小学校）への進学に際し，幼児の持つ困難や，支援の手立てなどの情報はどのように引き継ぎを行う予定ですか？　当てはまるもの全てに○をつけて下さい。

    1．個別の教育支援計画の活用　　2．引継ぎに関する会議等（公式の形）
    3．非公式な形（職員室等での会話の中で，電話や手紙など）　4．特に予定はない
    5．その他（　　　　　　　　　　　　　　　　　　　　　　　　　　　　）

　　　　　　　　　　　　　　　　　　　ご協力，ありがとうございました。

注1：本調査の中で用いられる**「発達障害」**とは，従来，軽度発達障害と呼ばれてきたもので，明らかな知的障害は含まず，LD, AD/HD, 高機能自閉症等を意味するものです（平成19年3月より文部科学省が用語の変更を行ったことに準じています）。

学習障害（LD）：基本的には全般的な知的発達に遅れはないが，聞く，話す，読む，書く，計算する又は推論する能力のうち特定のものの習得と使用に著しい困難を示す様々な状態を指すものである。学習障害は，その原因として，中枢神経系に何らかの機能障害があると推定される

が，視覚障害，聴覚障害，知的障害，情緒障害などの障害や，環境的な要因が直接の原因となるものではない。

AD/HD：年齢あるいは発達に不釣り合いな注意力，及び／又は衝動性，多動性を特徴とする行動の障害で，社会的な活動や学業の機能に支障をきたすものである。また，7歳以前に現れ，その状態が継続し，中枢神経系に何らかの要因による機能不全があると推定される。

高機能自閉症：3歳位までに現れ，①他人との社会的関係の形成の困難さ，②言葉の発達の遅れ，③興味や関心が狭く特定のものにこだわることを特徴とする行動の障害である自閉症のうち，知的発達の遅れを伴わないものをいう。また，中枢神経系に何らかの要因による機能不全があると推定される。

(以上，文部科学省「主な発達障害の定義について」より抜粋)

注2：明らかな重複障害とは，他の身体障害や知的な遅れのために教科や集団活動等において同学年の子どもたちと目標を共有するのが困難な者を意図しています。例えば知的障害の場合，動作性IQでおおよそ70以下，もしくはおおよそ2年以上の発達の遅れを有する者が目安となります。

通常学級担任用

聴覚障害と発達障害を併せ有する聴覚障害児に関する調査のお願い
（小・中学部　通常学級担任用）

　特別支援教育において**発達障害**[注1]に注目が集まっています。聴児における発達障害児は6.3％とも言われており，その教育的支援が進められてきています。しかし，一方で発達障害を併せ有する聴覚障害児に関する調査・研究は，未だ充分とは言いがたい状況です。

　本調査は，発達障害を併せ有する聴覚障害児に関して，幼小中学部を設置するすべての聾学校を対象として在籍率やその実態を調べることを目的としたものです。東京学芸大学の研究グループが全国聾学校長会の協力を得て実施しています。本調査の結果は，3月に各学校あてにお返しする予定です。

　本アンケートは文部科学省（2002）の聴児全国調査に使用したチェックリストを聴覚障害児にも妥当に使用できるよう変更を加えたものを中心としています。対象は通常学級児童・生徒です。各学級の担任，または担任に準ずる方にできるだけ複数の方と相談しながらのご記入をお願いします。**通常学級に在籍する全ての児童・生徒に関し，一人一部ずつの記入となります**。質問項目は「発達障害を併せ有すると感じられる者」，「聴覚障害以外に特に困難は感じられない者」，「通常学級に在籍するものの，明らかな重複障害[注2]を有している者」で異なる部分がありますので，ご注意ください。詳細はアンケート用紙に記載してあります。

　お忙しいところ誠に恐縮ですが，調査の趣旨にご理解頂き，<u>11月30日（金）</u>までに学校ごとにとりまとめご返送をお願いいたします。ご協力のほど何卒よろしくお願いいたします。

東京学芸大学　濱田研究室

注1：本研究で用いる「**発達障害**」とは，従来，軽度発達障害と呼ばれてきたもので，LD，AD/HD，高機能自閉症等を指すものです（平成19年3月の文部科学省の用語変更に準じています）。

LD（学習障害）：基本的には全般的な知的発達に遅れはないが，聞く，話す，読む，書く，計算する又は推論する能力のうち特定のものの習得と使用に著しい困難を示す様々な状態を指すものである。学習障害は，その原因として，中枢神経系に何らかの機能障害があると推定されるが，視覚障害，聴覚障害，知的障害，情緒障害などの障害や，環境的な要因が直接の原因となるものではない。

AD/HD：年齢あるいは発達に不釣り合いな注意力，及び／又は衝動性，多動性を特徴とする行動の障害で，社会的な活動や学業の機能に支障をきたすものである。また，7歳以前に現れ，その状態が継続し，中枢神経系に何らかの要因による機能不全があると推定される。

高機能自閉症：3歳位までに現れ，①他人との社会的関係の形成の困難さ，②言葉の発達の遅れ，③興味や関心が狭く特定のものにこだわることを特徴とする行動の障害である自閉症のうち，知的発達の遅れを伴わないものをいう。また，中枢神経系に何らかの要因による機能不全があると推定される。　　　　　（以上，文部科学省「主な発達障害の定義について」より抜粋）

注2：明らかな重複障害とは，他の身体障害や知的な遅れのために教科や集団活動等において同学年の子どもたちと目標を共有するのが困難な者を意図しています。例えば知的障害の場合，動作性IQでおおよそ70以下，もしくは小学部低学年でおおよそ2年以上，小学部高学年・中学部で3〜4年以上の発達の遅れを有することを目安にしています。

発達障害を併せ有する聴覚障害児に関する調査
＜小・中学部　通常学級担任記入用＞

記入者：＿＿＿＿＿＿＿＿＿＿＿＿＿＿

クラスの一人一人について（10月1日現在の様子で）お答えください。
　子どものイニシャル（問い合わせが必要になった場合のものなので実際のものでなくても構いません）

　＿＿＿＿＿＿＿＿＿＿＿＿＿＿＿＿　　性別：＿＿＿＿＿＿　　＿＿＿年＿＿＿組

問1．コミュニケーション手段（子ども同士や教師との会話などで）
　最もよく使う手段に◎，次によく使う手段に○をつけて下さい。
　　1．身ぶり　2．手話（指文字含む）　3．口話（読話含む）　4．キュード
　　5．その他（　　　　　　　　　）

問2．聴力レベル
　　右：＿＿＿＿＿＿＿＿dB　　　　左：＿＿＿＿＿＿＿＿dB

以下，当てはまるものに○をつけて下さい。
　　補聴器装用は？　1．大体一日中　　2．必要な時だけ
　　　　　　　　　　3．ほとんど装用しない　　4．非装用
　　人工内耳は装用していますか？　　1．している（装用開始＿＿＿歳）
　　　　　　　　　　　　　　　　　　2．していない

問3．家庭の言語環境
　　1．両親共に聴者（母語が日本語）
　　2．両親または一方が聴覚障害者（基本的には聴覚口話（キュード含む））
　　3．両親または一方が聴覚障害者（基本的には手話）
　　4．その他（例：両親，もしくは一方の親が外国籍・母語が日本語以外）
　　　（　　　　　　　　　　　　　　　　　　　　　　　　　　　　　　）

問4. 教育歴（当てはまるもの全てに○をつけて下さい。＿＿＿には学年を記入してください。）

聾学校幼稚部（ ）＿＿＿歳から ──→ 聾学校小学部（ ）＿＿＿年生時から
普通幼稚園・保育園（ ）　　　　　　　⇧
難聴児通園施設（ ）
難聴児に関するクリニック（ ）──→ 普通小学校 ─┬─ 普通学級（ ）　　　　　　聾学校中学部
　　　　　　　　　　　　　　　　　　　　　　　├─ 難聴固定学級（ ）⇨（ ）＿＿＿年生時から
　　　　　　　　　　　　　　　　　　　　　　　└─ 難聴通級教室（ ）

問5. この児童・生徒に聴覚障害以外に学習や集団活動に困難をきたす，重複障害（発達障害は除く）はありますか？　あればお書き下さい。
「なし」と答えた場合，3ページ 問6（チェックリスト）へ，「あり」と答えた場合，6ページ 問10（チェックリスト等は飛ばしてください）へ進んでください。
1．なし　　⇒　3ページ　問6へ。
2．あり　（　　　　　　　　　　　　　　　　　　　）⇒　6ページ　問10へ

問6. 対象児童・生徒について，もっともよく当てはまると思う欄に必ず1つ○をつけてください。 <原案出典：文部科学省（2002）>					
	「聞く」，「話す」等の言葉が出てきますが，手話等も含め，その子の最も使い易いコミュニケーション手段での様子をお答え下さい。				
	「聞く」「話す」「読む」「書く」「計算する」「推論する」	ない	まれにある	時々ある	よくある
1	最も使い易いコミュニケーション手段で，似た言葉への取り違いがある				
2	最も使い易いコミュニケーション手段で，聞きもらしや取りこぼしがある				
3	最も使い易いコミュニケーション手段で，個別に言われるとわかるが，集団場面では難しい				
4	指示の理解が難しい				
5	最も使い易いコミュニケーション手段で，話し合いが難しい（話し合いの流れが理解できず，ついていけない）				
6	適切な速さで話すことが難しい（たどたどしく話す。とても早口である）				
7	ことばにつまったりする				
8	単語を羅列したり，短い文で内容的に乏しい話をする				

9	思いつくままに話すなど，筋道の通った話をするのが難しい				
10	内容をわかりやすく伝えることが難しい				
11	初めて出てきた語や，普段あまり使わない語などを読み間違える				
12	文中の語句や行を抜かしたり，または繰り返し読んだりする				
13	音読が遅い				
14	勝手読みがある（「いきました」を「いました」と読む）				
15	文章の要点を正しく読みとることが難しい				
16	読みにくい字を書く（字の形や大きさが整っていない。まっすぐに書けない）				
17	独特の筆順で書く				
18	漢字の細かい部分を書き間違える				
19	句読点が抜けたり，正しく打つことができない				
20	限られた量の作文や，決まったパターンの文章しか書かない				
21	学年相応の数の意味や表し方についての理解が難しい（三千四十七を300047や347と書く。分母の大きい方が分数の値として大きいと思っている）				
22	簡単な計算が暗算でできない				
23	計算をするのにとても時間がかかる				
24	答えを得るのにいくつかの手続きを要する問題を解くのが難しい（四則混合の計算。2つの立式を必要とする計算）				
25	学年相応の文章題を解くのが難しい				
26	学年相応の量を比較することや，量を表す単位を理解することが難しい（長さやかさの比較。「15cmは150mm」ということ）				
27	学年相応の図形を描くことが難しい（丸やひし形などの図形の模写。見取り図や展開図）				
28	事物の因果関係を理解することが難しい				
29	目的に沿って行動を計画し，必要に応じてそれを修正することが難しい				
30	早合点や，飛躍した考えをする				

	「不注意」「多動性－衝動性」	ない,もしくはほとんどない	時々ある	しばしばある	非常にある
1	学校での勉強で，細かいところまで注意を払わなかったり，不注意な間違いをしたりする				
2	課題や遊びの活動で注意を集中し続けることが難しい				
3	面と向かって話しかけられているのに，聞いていないようにみえる				
4	指示に従えず，また仕事を最後までやり遂げない				
5	学習課題や活動を順序立てて行うことが難しい				
6	集中して努力を続けなければならない課題（学校の勉強や宿題など）を避ける				
7	学習課題や活動に必要な物をなくしてしまう				
8	気が散りやすい				
9	日々の活動で忘れっぽい				
10	手足をそわそわ動かしたり，着席していても，もじもじしたりする				
11	授業中や座っているべき時に席を離れてしまう				
12	きちんとしていなければならない時に，過度に走り回ったりよじ登ったりする				
13	遊びや余暇活動に大人しく参加することが難しい				
14	じっとしていない。または何かに駆り立てられるように活動する				
15	過度にしゃべる				
16	質問が終わらない内に出し抜けに答えてしまう				
17	順番を待つのが難しい				
18	他の人がしていることをさえぎったり，じゃましたりする				

	「対人関係やこだわり等」	いいえ	多少	はい
1	大人びている。ませている			
2	みんなから、「○○博士」「○○教授」と思われている（例：カレンダー博士）			
3	他の子どもは興味を持たないようなことに興味があり、「自分だけの知識世界」を持っている			
4	特定の分野の知識を蓄えているが、丸暗記であり、意味をきちんとは理解していない			
5	含みのある言葉や嫌みを言われても分からず、言葉通りに受けとめてしまうことがある			
6	会話の仕方が形式的であり、適切な間合いが取れなかったりすることがある			
7	言葉を組み合わせて、自分だけにしか分からないような造語を作る			
8	独特なトーンで話すことがある			
9	誰かに何かを伝える目的がなくても、場面に関係なく不自然な声を出す（例：唇を鳴らす、咳払い、喉を鳴らす、叫ぶ）			
10	とても得意なことがある一方で、極端に不得手なものがある			
11	いろいろな事を話すが、その時の場面や相手の感情や立場を理解しない			
12	共感性が乏しい			
13	周りの人が困惑するようなことも、配慮しないで言ってしまう			
14	独特な目つきをすることがある			
15	友達と仲良くしたいという気持ちはあるけれど、友達関係をうまく築けない			
16	友達のそばにはいるが、一人で遊んでいる			
17	仲の良い友人がいない			
18	常識が乏しい			
19	球技やゲームをする時、仲間と協力することに考えが及ばない			
20	動作やジェスチャーが不器用で、ぎこちないことがある			
21	意図的でなく、顔や体を動かすことがある			
22	ある行動や考えに強くこだわることによって、簡単な日常の活動ができなくなることがある			
23	自分なりの独特な日課や手順があり、変更や変化を嫌がる			

24	特定の物に執着がある			
25	他の子どもたちから，いじめられることがある			
26	独特な表情をしていることがある			
27	独特な姿勢をしていることがある			

問7．チェックシートをご記入いただいた上で，この児童・生徒に発達障害はあると思いますか？
　　「あると感じる」と答えた場合，6ページ 問8へ，「ない」と答えた場合，ここで終了となります。
　　　　・あるように感じられる　　　　⇒6ページ 問8へ。
　　　　・ない，あるとは思わない　　　⇒終了　ご協力ありがとうございました。

問8．担任として「聴覚障害以外に発達障害を併せ有しているかもしれない」と感じ始めたのはいつ頃，どのような点ですか。最も近いものに○を付けてください。
　　1．前担任から引き継いでいた
　　2．担当して直後
　　3．一ヶ月ほど指導して
　　4．三ヶ月ほど指導して
　　5．半年ほど指導して
　　6．一年以上指導して

　どのような様子に関してですか。

問9．この児童・生徒の発達障害からくるニーズに対して，専門機関とは連携がありますか。
　　1．特に連携していない
　　2．連携している
　　　どのような専門機関ですか。全てお書き下さい。
　　（　　　　　　　　　　　　　　　　　　　　　　　　　　　　　　　　　　　）

どのような関わりをしていますか。当てはまるもの全てに○をお付けください。
　ア．診断・評価
　イ．投薬等医療的管理
　ウ．具体的な指導方法へのアドバイス
　エ．教材・教具へのサポート，提供
　オ．個別の支援計画における支援会議のメンバー
　カ．その他　（　　　　　　　　　　　　　　　　　　　　　　　）

問10．この児童・生徒に対して，指導上どのような点に困り感を感じますか。また，聴覚障害以外からくる困難に対して，具体的にはどのような工夫をされていますか。

ご協力，ありがとうございました。

謝　辞

　本稿を執筆するに当たり，多くの方々から温かいお力添えとご指導を賜りました。皆様に心より感謝申し上げます。

　全国の聾学校及び難聴特別支援学級・通級指導教室の先生方には，お忙しい中アンケート調査にご協力を頂きました。特に，a聾学校の先生方には，普段から非常勤等でもお世話になり，多くの事を教えて頂きました。厚く御礼申し上げます。

　博士課程での3年間を主指導教員として支えて下さった東京学芸大学の國分充教授に心から感謝申し上げます。先生からの優しく，示唆に富んだご指導を頂き，ここまでたどり着くことができました。副指導教員として，また研究会等でもお世話になった横浜国立大学の中川辰雄教授。いつも穏やかな雰囲気で，私のまとまらない話を聞きながらここまで導いて下さいましたこと，深謝致します。同じく，副指導教員を快く引き受けてくださった東京学芸大学の射手矢岬教授には，お忙しい中ゼミを開いて頂き，温かい応援を賜りましたこと，感謝の気持ちでいっぱいです。また，学部生の頃からご指導頂きました，東京学芸大学の伊藤友彦教授。かつて私に「あなたは周りを元気にするパワーがある」と仰ったことを覚えていらっしゃいますか。そのお言葉に，私がどれだけパワーを頂いたことか。頂いたお言葉に恥じぬよう，これからも努力を惜しまず，笑顔で頑張りたいと思います。澤隆史教授には，いつも目の前が拓けるような新しいご示唆を頂きました。深謝の限りです。また，日本学術振興会特別研究員としての3年間をご指導下さいました，筑波技術大学の長南浩人教授にも心より感謝申し上げます。新たな研究テーマに取り組み暗中模索の中，いつも的確なご教授を頂きました。学びには終わりがなく，学べば学ぶ程疑問が湧いてくる面白さを教えて頂きました。そし

て，7年間の研究室生活をご指導下さった，東京学芸大学の濱田豊彦教授。今日まで優しく，力強いご指導を賜りましたこと，心から感謝申し上げます。ダンボやチューターで出会った子どもたちやご家族，読話講習会で出会った方々，研究室の先輩や後輩達… たくさんのかけがえのない出会いをすることができました。様々な方に頂いたものを私はちゃんと吸収することができているでしょうか。どの一つをとっても，尊敬と感謝の念に堪えません。そして何より，濱田先生と出会えたことは私の人生にとって大きな誇りです。本当に，ありがとうございました。先生のように，誰かのために身を尽くせるような人間になりたいと，心から思っています。まだまだつい自分の事ばかり可愛がってしまいますが，先生を始め，いままで沢山の方に教えて頂いたことを次の誰かにお返しできるよう，奮励して参ります。これからもどうぞご指導よろしくお願いいたします。並びに，濱田研究室や臨床活動で苦楽を共にした先輩，後輩の皆様には多くの事を学ばせて頂きました。中でも長島理英さん，岩本朋恵先生，近藤史野さん，安田遥さん，稲葉啓太さん，渡部杏奈さん，喜屋武睦さんにはたくさんのご協力と励ましを頂きました。皆がいてくれたから，この研究を形にすることができたと思っています。本当にありがとうございました。学部時代から机を並べてきた松本幸代さん，まっすぐで情熱的な姿勢を見ては私はいつも自分を顧みてはっとしていました。お互い違うタイプだからこそ，二人でいると二倍も三倍も頑張れる気がしています。これからもそれぞれのフィールドで活躍できるよう，切磋琢磨していきましょう。

　本研究は平成22年に学位論文として東京学芸大学大学院連合学校教育学研究科に提出し，博士（教育学）の学位を授与されたものです。また本書はこの学位論文を独立行政法人日本学術振興会平成27年度科学研究費助成事業（科学研究費補助金）（研究成果公開促進費　課題番号15HP5184）の助成を受けて出版したものです。本書の刊行にあたってお力添えを頂きました，風間書房の風間敬子社長，担当の斉藤宗親氏，風間書房の皆様方に深く感謝し，御礼申

し上げます。

　末筆に，私事ではありますが，長い学生生活を陰ながら支えてくれた家族へ。この頃になってやっと，いかに自分が大切に育ててもらったのか，どれだけ愛されていたのかが少し分かるようになりました。遅すぎるのかもしれませんが，これから少しずつでも恩返しをしていきたいと思っています。

　尊敬する皆様に温かいご指導，ご助言を頂きながら，本研究をまとめることができました。改めて不十分な点も多く，自らの研究能力の未熟さに反省するばかりです。ここからがスタートラインであると肝に銘じ，気持ちを新たにして更に研鑽していく所存です。この研究がまだまだ稚拙なことは重々承知ではありますが，全ての聴覚障害児が自分らしく，素晴らしい人生を送るために，ほんの少しでも貢献できればこんなに嬉しいことはありません。

平成 27 年 12 月

大鹿　綾

著者略歴

大鹿　綾（おおしか　あや）

2005 年　東京学芸大学教育学部障害児教育教員養成課程言語障害教育専攻卒業
2007 年　東京学芸大学大学院教育学研究科（修士課程）特別支援教育専攻支援方法コース修了
2010 年　東京学芸大学大学院連合学校教育学研究科（博士課程）学校教育学専攻発達支援講座修了
　　　　博士（教育学）取得
2011 年　広島大学大学院教育学研究科附属特別支援教育実践支援センター特任助教
2013 年　日本学術振興会特別研究員（PD）
　　　　現在に至る

発達障害のある聴覚障害児の実態と教育的対応に関する研究

2016 年 1 月 31 日　初版第 1 刷発行

著　者　　大　鹿　　　綾
発行者　　風　間　敬　子
発行所　　株式会社　風　間　書　房
〒101-0051　東京都千代田区神田神保町1-34
電話 03(3291)5729　FAX 03(3291)5757
振替 00110-5-1853

印刷　藤原印刷　　製本　井上製本所

©2016 Aya Oshika　　　　　　　　　　NDC 分類：378
ISBN978-4-7599-2106-9　Printed in Japan

JCOPY 〈(社)出版者著作権管理機構　委託出版物〉

本書の無断複製は、著作権法上での例外を除き禁じられています。複製される場合はそのつど事前に(社)出版者著作権管理機構（電話 03-3513-6969、FAX 03-3513-6979、e-mail:info@jcopy.or.jp）の許諾を得てください。